W0048130

604rr Abb. hi

Reise Know-How im Internet

Aktuelle Reisetipps und Neuigkeiten
Ergänzungen nach Redaktionsschluss
Büchershop und Sonderangebote
Weiterführende Links zu über 100 Ländern

www.reise-know-how.de
info@reise-know-how.de

Wir freuen uns über Anregung und Kritik.

Harald A. Friedl

Respektvoll reisen

Inhalt

Vorwort

Ein Mekka-Pilger irrte frustriert durch die heilige Stadt, denn sein erwartetes Hochgefühl wegen der Erfüllung seines langersehnten Reisewunsches wollte einfach nicht aufkommen. Ein Derwisch, um Rat gefragt, erkundigte sich nach dem Transportmittel. Der Pilger antwortete: „Na, wie reist man heute schon: natürlich per Flugzeug!" – „Siehst du, deine Seele reitet per Esel hinterher."

Reisen bedeuten heute immer weniger die behutsame Annäherung an ein Land etwa wie an eine begehrte Frau. Moderner Tourismus wird zunehmend zum Fastfood-Erlebnis gestresster Menschen, die irgendein modisches Ziel in der Ferne buchen und mit Urlaubsbeginn direkt vom Büro ins Flugzeug und endlich an den Stand hetzen. Die dramatischen Folgen dieser ausufernden Reise-Unkultur sind unzählig: verkehrsbedingter Klimakollaps, Betonburgen neben Fischerhütten, Bikini-Mädchen neben verschleierten Frauen, Sex mit Kindern ... Anstatt zu Völkerverständigung führt dieser Konsum der Ferne zu Armut und Aggression bei den „Bereisten" und zu Frust und Stress bei den Touristen. Dabei geht es auch anders.

Seit es Menschen gibt, reisen sie, um die Welt hinter ihrem Horizont kennen zu lernen und sich mit den Angehörigen fremder Kulturen auszutauschen. Reiseprofis wie Marco Polo oder Bruce Chatwin begegneten der Ferne, indem sie sich auf die Länder einließen, sich anpassten und Teil dieser „neuen" Welt wurden. Die Kunst des Reisens liegt nämlich im besonderen Interesse für das Reiseland: Es als reichen Lebensraum mit eigenen Sitten, Sehnsüchten und Schwierigkeiten zuzulassen, anstatt es als gemietetes „Live-Video" zu betrachten.

Selbst die längste Reise beginnt mit dem ersten Schritt im Kopf, mit dem Wunsch, mehr über das

Land und seine Menschen zu erfahren. Eine gute Vorbereitung erleichtert entscheidend den Zugang zu Land und Leuten. Man entgeht nicht nur Fettnäpfchen, sondern gewinnt an Orientierung und damit an Sicherheit und Wohlbefinden. Wer mehr weiß, sieht und erlebt mehr. Plötzlich verwandeln sich die „Bereisten" von Fotoobjekten zu Bekannten und die Frage wird einem wichtig, wie man dem Land möglichst keinen Schaden zufügt. So wird auch die Konfrontation mit den Widersprüchen der Dritten Welt – Luxushotels neben Müllsiedlungen – zu einer bereichernden Auseinandersetzung, die manche Sicht der Dinge verändern kann.

Dieses Buch beruht auf meiner langjährigen Erfahrung als Reiseleiter und meiner Forschung über „Praktische Tourismusethik" bei den Tuareg in der Sahara. Es entstand aus dem Wunsch, meine Freunde in der Dritten Welt besser vom Tourismus profitieren zu lassen und versteht sich als Beitrag zum „UN-Jahr des Ökotourismus 2002". Dieser Ratgeber richtet sich an Reisende, die aus ihrem Urlaub ein großes Erlebnis zum beiderseitigen Nutzen machen wollen: genussvolles Erleben der Fremde zum Vorteil für das Reiseland und seine Bevölkerung.

In diesem Sinne wünsche ich Ihnen, dass Sie bei der Lektüre auf zahlreiche Anregungen für Ihre nächste Begegnung mit der Fremde stoßen.

Harald A. Friedl

Danksagung

Für die verständnisvolle Unterstützung des Autors als Reiseleiter sowie dessen Ökotourismus-Projekte bei den Tuareg gilt mein Dank dem Leiter der Orient-Abteilung und Prokuristen von Kneissl-Touristik (www.kneissltouristik.at), Herrn Walter Reischauer.

Zum Geleit

Der Grafiker Klaus Steack betitelte vor Jahren treff-
sicher ein satirisches Plakat „Im Urlaub werden Millionen Deutsche zu Fremden". Ich möchte ergänzen: „Und viele merken es gar nicht".

Um so wichtiger sind Bücher wie das vorliegen-
de, das uns – wie ich finde – auf höchst anregende
Weise die Sitten und Gebräuche anderer Kulturkreise näher bringt. Wer wirklich neugierig auf andere Länder ist, wird sich mit Freude und Spannung
hineinvertiefen und viele Antworten auf vielleicht
lange gestellte Fragen bekommen.

Das Buch will den Genuss des Reisens nicht
schmälern, sondern ganz entscheidend erhöhen.
„Wer mehr weiß, sieht und erlebt mehr", schreibt
der Autor Harald A. Friedl. Verbunden mit Gelas-
senheit, Geduld, Freundlichkeit, Höflichkeit und
Humor hilft es außerdem, Unsicherheit und Vorurteile abzubauen sowie Fettnäpfchen, offensichtli-
ches Fehlverhalten und Gefahren zu vermeiden. Ich
bin überzeugt, dass selbst „alte Füchse" unter den
„Touris", gleichgültig ob Pauschalurlauber, Studien-
reisender oder Traveller/Globetrotter, ihren Gewinn
aus diesem Buch ziehen.

Mich persönlich faszinieren bei der Begegnung
mit anderen Kulturen ganz besonders die Rollen,
die Fremden zugeteilt werden. Die Einheimischen
haben oft eine bestimmte Vorstellung davon, was
Fremde zu tun und zu lassen haben. Wer als Ausländer beispielsweise allzu perfekt wie ein Einheimischer auftritt oder spricht, kann – zunächst – einen Ablehnungsreflex hervorrufen. Das betrifft vor
allem sensible Themen, wie Religion, Landespolitik
oder Sexualität, die man nur unter guten Freunden
diskutieren sollte. Zurückhaltung ist deshalb weit-
aus angebrachter als eine lebhafte Debatte oder die
eigene Meinung. Über unbeabsichtigtes falsches

Benehmen oder fehlerhafte Sprache sieht man dagegen eher großzügig hinweg.

Ganz wichtig ist es, die international gebräuchliche, englische Bezeichnung *Friend* richtig zu verwenden. Unterwegs werden wir von Einheimischen gern und schnell als *Friend* bezeichnet. Dann bedeutet es jedoch niemals „Freund" in unserem Sinne, sondern lediglich „Bekannter". Ein echter Freund wird mit den Zusätzen *very old* oder *very close* Friend versehen. Wäre dieser kleine, aber feine Unterschied besser bekannt, könnten viele Missverständnisse und Enttäuschungen auf beiden Seiten vermieden werden.

Das uns fremde, aber weit verbreitete und wichtige Konzept einer Spontanfreundschaft bedeutet, ein möglichst großes Netz von *Friends* zu haben, die bei passenden Gelegenheiten „eingesetzt" werden können. Wir würden es eher „Beziehungen haben" nennen. Das Konzept der *Friends* beinhaltet immer Leistung und Gegenleistung. Wer das nicht weiß, beispielsweise bei einer unerwarteten Einladung zum Essen, wird sich leicht „angeschnorrt" fühlen, wenn er später um einen Gefallen gebeten wird. Das kann eine Kleinigkeit sein, aber auch die Bitte um einen Kredit oder eine Einladung nach Europa. Kann man den Wunsch nicht erfüllen, reicht es, die Absage freundlich zu erklären, ohne sich im Geringsten „ausgenutzt" zu fühlen.

Andererseits hat man selbst Anspruch auf freundschaftliche Unterstützung, womit sich das Konzept auch für uns Touristen als äußerst sinnvoll erweisen kann und nicht als vermeintliche „Schnorrerei".

Gewusst wie! Mit dieser Devise lebt es sich leichter, im Alltag wie im Urlaub. Dieses Buch aus der Reihe Reise Know-How möchte Sie genau aus diesem Grund auf Ihrer Reise als Friend begleiten.

Ludmilla Tüting,
Journalistin, Berlin und Kathmandu

▶ „Den Traum in
seiner sinnlichen
Wirklichkeit zu
erfahren - diese
Möglichkeit bietet
vor allem das
Reisen."
Christoph
Henning

Reise-
entscheidungen

Reisen – ein absolutes Recht?

Das **Recht jedes Einzelnen** auf bezahlten Urlaub, Erholung und Bewegungsfreiheit ohne Grenzen ist tief in unserem Denken verwurzelt, obwohl es noch gar nicht lange besteht. Der gesetzliche Jahresurlaub für Arbeitnehmer wurde in Westeuropa erst nach dem 1. Weltkrieg durchgesetzt. Die **Reisefreiheit** selbst beruht auf dem Grundrecht auf freie Entfaltung der Persönlichkeit, das in den meisten demokratischen Nationalverfassungen nach dem 2. Weltkrieg verankert wurde. Für Osteuropäer ist dieses Recht eine junge Errungenschaft, während die Bürger von Staaten wie Kuba, China oder Burma nur beschränkte Reisefreiheit genießen.

Beschränkt wird die Reisefreiheit durch konkrete Gesetze, vor allem aber durch fundamentale Rechte und Interessen anderer Menschen, etwa durch deren Recht auf gesunde Umwelt oder auf Entfaltung der eigenen Persönlichkeit.

Im Gegensatz zu diesen rechtlichen Grenzen steht das typische **Urlaubsempfinden,** dass auf Reisen alles erlaubt sei. Im Urlaub ist man fort von zu Hause und damit fern jeder Kontrolle durch Dienstgeber, Lehrer, Finanzamt oder Nachbarn. Urlaub bedeutet Entfaltung, nicht Einschränkung.

Das „befreiende" Gefühl während der „schönsten Wochen des Jahres" macht es so schwierig, Reisenden ein Verantwortungsempfinden für die Folgen des Reisens zu vermitteln. Darum boomt der Trip in die Ferne ungebremst, was zu gravierenden ökologischen und sozialen **Belastungen der Reiseziele** und auch für die Menschheit – in Gestalt des Klimawandels – führt. Ein Ende dieser Entwicklung ist nicht abzusehen, im Gegenteil: Mit der ökonomischen Aufholjagd Chinas und anderer Entwicklungsländer erwacht auch die Reiselust dieser vielen Millionen, ja Milliarden Menschen. Doch angesichts der Auswirkungen durch massenhaftes Reisen stellt sich die Frage, ob das Reisen zukünftig noch vertretbar sein wird.

Wenn sich etwa durch den wachsenden Reiseverkehr das Klima wandelt und die Malediven, Venedig oder Hamburg im Meer versinken, wird dann nicht das Recht der dort lebenden Menschen auf körperliche Unversehrtheit, freie Wahl der Niederlassung und wirtschaftliche Entfaltung unmittelbar beeinträchtigt? Oder wenn buddhistische Mönche ungestört ihre spirituellen Riten pflegen wollen, inwieweit kollidiert die Reisefreiheit interessierter Touristen mit dem Grundrecht der Mönche auf ungestörte Religionsausübung?

Rechtliche **Einschränkungen der Reisefreiheit** oder gar Reiseverbote, wie sie Tourismuskritiker gerne fordern, sind auf Grund ihrer Undurchsetzbarkeit sinnlos. Auf der Angebotsseite heizen enorme wirtschaftliche und politische Interessen das Tourismuswachstum an und unter den Reiselustigen ist die Flucht ins gebuchte Paradies längst zur Sucht gediehen. Wessen Rechte vom Tourismus beeinträchtigt werden, der braucht eine starke Lobby, um sich Gehör zu verschaffen.

Wem es jedoch gelingt, sich den „Drogen" der Reiseindustrie zu entziehen und eine **Kultur des Reisens** zu pflegen, der wird sich die grundlegende Frage stellen, ob eine beabsichtigte Reise in der geplanten Form auch verantwortbar sei.

Reisen – im Gegensatz zum bloßen Konsum eines touristischen Produkts – bedeutet immer, Neuland zu betreten, den persönlichen Horizont zu erweitern. Dieser Weg beginnt stets mit der Begeg-

Tödlicher Schnupfen

Viele Völker verfügen nicht über die Abwehrkräfte, die uns zum Beispiel bei einer Grippe zu Hilfe kommen. Ganze Indianerstämme in Amerika sind nach ersten Kontakten mit Europäern durch epidemische Krankheiten dahingerafft worden. Der Besuch einer Reisegruppe bei einem abgelegenen Indianerstamm in Ecuador führte zum Tod zahlreicher Kinder infolge einer eingeschleppten Grippe.

nung mit sich selbst, indem man seine **Reisemotive reflektiert:** Warum will man aufbrechen? Welchen Nutzen erhofft man aus dem Reisen zu ziehen durch Eindrücke, Bildung, Selbstfindung oder Prestige? Kann es sein, dass einem dieser persönliche Nutzen bisher viel wichtiger war als die Rücksichtnahme auf die Bereisten, denen man diesen Vorteil großteils verdankt?

Innerhalb der **Fernreiseindustrie,** die von beinharten Rahmenbedingungen wie Gewinnmaximierung, Konkurrenz, Dumpingpreisen und dem Kampf um mehr Kunden geprägt ist, bleibt leider nur wenig Raum für die Rücksichtnahme auf langfristige Interessen der Bereisten.

Wer aber verantwortungsvoll reist, kommt als **Gast eines Landes.** Als solcher ist man bereit, seine gewählte Rolle selbstkritisch zu hinterfragen und sich auf ein Land mit seinem Handeln und Denken einzustellen.

Jeder hat seine **eigene Reisekultur,** der man sich bewusst werden sollte. Dabei sind folgende Fragen sehr hilfreich:

- Wie und warum ist man bisher gereist?
- Worüber freut man sich auf der geplanten Reise besonders?
- Was lässt man währenddessen am liebsten zu Hause?
- Was möchte man auf der Reise lernen?
- Wem nützt und wem schadet diese Reise?
- Treibt einen die Neugierde in die Fremde hinaus?
- Wie gut kennt man überhaupt den eigenen Lebensraum?

Ohne Fitness kein Spaß auf Extremtouren

Wer eine Extremtour unternehmen möchte, muss auch topfit sein. Kommt man trotz körperlicher Mängel und nur aus falschem Stolz mit, droht man die Gruppe oder die Träger nicht nur zu behindern, sondern sogar in lebensgefährliche Situationen zu bringen. Gleiches gilt auch für blinden Ehrgeiz. 1996 starben neun Mitglieder einer kommerziellen Everest-Expedition, weil sie sich trotz eines nahenden Sturmes den Gipfelsieg nicht nehmen lassen wollten. Sie hatten sich diese Freiheit genommen und mit dem Leben bezahlt.

- Wem will man in der Ferne begegnen? Bin ich offen für Kontakte mit fremden Menschen?

Neben solchen Wertungsfragen gibt es auch eindeutige Umstände, die den **Verzicht auf eine Vergnügungsreise** nahe legen: So kann eine ansteckende Krankheit, sei sie auch harmlos, für ethnische Gruppen, die noch weitgehend „unberührt" existieren, lebensgefährlich sein. Weil man aber gewisse Viren stets im Körper mitführt, gilt für solche „exotischen Ethno-Trips" ein absolutes Reiseverbot!

Zweifelhafte Reiseziele

Wohin soll die Reise gehen? In die paradiesische Südsee oder ins märchenhafte Indien? Mit solchen Träumen hat die Wirklichkeit des ausgewählten Reiselandes sehr wenig zu tun, schon gar nicht in der ↗Dritten Welt.

Wie aber kann der Blick hinter die Kulissen eines Landes und die Begegnung mit seinen Bewohnern gelingen? Wiederum helfen selbstkritische Fragen weiter: Warum will man dieses Land besuchen? Was genau hofft man dort zu finden?

Wer freilich etwas finden will, muss genau suchen: Die **Chancen auf persönlichen Kontakt** zur Bevölkerung steigen mit der Zeit, die man an einem eng begrenzten Ort verbringt. Wer im Bus sitzend ganze Länder „abhakt", wie auf Gruppenreisen üblich, wird bestenfalls die Katalogbilder wieder erkennen. Das Credo des Reisekünstlers lautet darum: Weniger ist mehr!

„Dritte Welt" oder „Entwicklungsländer"?

Im Kalten Krieg existierten neben dem kapitalistischen Westblock und dem kommunistischen Ostblock die „blockfreien" Ex-Kolonien. Mit wirtschaftlicher Unterentwicklung wurde diese „Dritte Welt" erst seit den 70er-Jahren gleichgesetzt. Dazu zählen heute ca. 170 Staaten, die drei Viertel der Weltbevölkerung beherbergen, aber nur ein Fünftel der Weltwirtschaftsleistung erbringen.

▶ Pauschalreisen zu Militärdikta-turen unterstützen indirekt deren Waffenkäufe.

Kritische Reiseländer

Über die Situation von indigenen (einheimischen/ein-geborenen) Gruppen berichtet unter ande-rem die „Gesellschaft für bedrohte Völker" (www.gfbv.de).

Kommt nun ein bestimmtes Land in die engere Wahl, stellt sich die entscheidende Überlegung, wer dort vom Tourismus unmittelbar profitiert und wer Schaden nimmt. Dies gilt besonders für solche Ge-biete, in denen Menschenrechte wenig zählen. Will man zum Beispiel einen Naturpark besuchen, für dessen Errichtung die **Ureinwohner** vertrieben wor-den sind? Damit würde man die Regierung in ihrer „Entwicklungspolitik" bestätigen und weitere Ver-treibungen indirekt unterstützen. Noch schwieriger ist die Entscheidung im Fall von Ländern, deren Regierungen eine **menschenverachtende Politik** verfolgen. Sind zum Beispiel Reisen nach Israel, wo die Palästinenser gewaltsam unterdrückt werden oder nach Burma, wo eine brutale Militärdiktatur das Land beherrscht, vertretbar?

Als Faustregel gilt: Das Risiko, durch eine Vergnügungsreise die Wirtschaft des Landes und die damit finanzierte, aggressive Politik zu unterstützen, ist größer als jenes, durch Unterlassen einer solchen Reise jemanden zu schädigen. Das zeigt sich in Kuba oder Tibet, wo der florierende Tourismus noch keine Regierung zum Umdenken zwingen konnte. Der Reisende kann zwar nicht die Welt ändern, wohl aber das Reiseziel.

Aktuelle Berichte über die Menschenrechtssituation in allen Ländern der Erde finden sich bei „Human Right Watch" (www.hrw.org) oder bei „Amnesty International" (www.amnesty.de, www.amnesty.org).

Tabu-Zonen

Selbst innerhalb eines reisefreundlichen Landes gibt es Tabu-Zonen. Schon genannt wurden **Stammesgebiete** „abseits der Touristenpfade" wegen der Ansteckungsgefahr. Deswegen braucht man auf den Besuch von abgelegenen Regionen nicht zu verzichten: Weltweit wächst das Angebot an indigenen Gemeinden, die bewusst am internationalen Tourismus teilhaben wollen (siehe „Unterwegs – dem Land auf der Spur").

Ebenfalls tabu ist aus Gründen des Respekts der ungebetene Besuch von **Elendsvierteln,** das ↗Slumming.

Slumming
Sightseeing in Elendsvierteln ist eine entwürdigende Zurschaustellung einer benachteiligten Welt, die gern als „arm aber glücklich" verniedlicht wird. Kein Wunder, wenn sich die Begafften mit fliegenden Steinen gegen die Reisebusse wehren.

Der häufigste Fall, bei dem man durch eine Buchung indirekt eine bevölkerungsfeindliche Politik der Tourismusentwicklung unterstützt, ist jener von **touristischen Anlagen,** die der Bevölkerung aufgezwungen wurden. Das sind meist Großprojekte,

Prinzipien für respektvolles Reisen

Tourismus ist ein hochkomplexes System mit vielschichtigen wirtschaftlichen, soziokulturellen und ökologischen Auswirkungen. Warum und auf welche Weise Tourismus so häufig mit großen Nachteilen für die bereiste Bevölkerung verbunden ist, wird unter anderem im Exkurs „Wirtschaftsmacht Tourismus" thematisiert. Die langjährigen Erfahrungen mit dem Tourismus führten aber auch zu klaren Vorstellungen davon, wie eine umwelt- und sozialverträgliche Tourismusentwicklung einer Region gestaltet sein sollte, damit dort respektvolles Reisen möglich sei. Dabei sind folgende vier Dimensionen zu beachten:

1. *Die ökologische Dimension, wonach der intakte Lebens-, Kultur- und Naturraum sowohl die Voraussetzung für das Überleben der Menschen als auch für einen dauerhaften Tourismus ist. Eine verbrauchte Umwelt schädigt die Menschen und lockt keinen Gast mehr an.*
2. *Die ökonomische Dimension, wonach Tourismus in die vorhandene regionale Wirtschaft mit all ihren unterschiedlichen Bereichen eingebettet sein muss, um sie zu ergänzen und zu stärken, anstatt zu dominieren oder gar zu untergraben. Das beste Beispiel dafür ist die Kooperation zwischen Tourismus und Landwirtschaft.*
3. *Die soziokulturelle Dimension, wonach die Urlaubsregionen von selbstbestimmtem kulturellem Wandel und sozialer Zufriedenheit geprägt werden*

von Regierungen und internationalen Investoren finanziert, bei denen landwirtschaftlich genutzte Gebiete für Golfplätze, Luxushotels oder All-Inclusive-Anlagen enteignet wurden. Fast immer entstehen solche Touristen-Gettos ohne die Einbindung und Zustimmung der Bevölkerung, aber auf ihre ökologische und wirtschaftliche Kosten.

Trotz diese sehr verbreiteten Praxis wird eine Hotelanlage von der Bevölkerung nicht als Bedrohung empfunden werden, wenn sie davon profitieren kann. Darum sollte man sich vor jeder Buchung erst im Reisebüro genau über ein Angebot erkundigen, inwieweit die regionale Wirtschaft in die Anlage

sollen. Darum sollte sich der Tourismus in die jeweilige Kultur einfügen, statt umgekehrt. Im Vordergrund sollen darum die kulturellen und sozialen Rechte und Bedürfnisse der regionalen Bevölkerung stehen, und nicht die Wünsche der Touristen.

4. Die institutionelle Dimension, wonach die touristische Entwicklung einer Region von deren Bevölkerung gewollt und aktiv mitbestimmt wird. Denn nur über die partnerschaftliche Entwicklung von Tourismusprojekten entsteht die Identifikation und unternehmerische Innovation, die dann auch zur Zusammenarbeit zwischen den Wirtschaftsbereichen führt.

Weil die Kulturen und jeweiligen Rahmenbedingungen rund um den Erdball sehr verschieden sind, gibt es ein überall anwendbares Rezept, um einen ökologisch und sozial verträglichen Tourismus zu gewährleisten. Zwei Faustregeln gelten überall gleich:

1. Das Wachstum der Touristenzahlen muss gebändigt werden, um die eigene Basis des Tourismus – den Naturraum, die regionalen Besonderheiten und das sozial intakte Gesellschaftsgefüge – nicht zu zerstören.

2. Jeder Reisende ist nur Gast eines fremden Lebensraumes, den er zu respektieren hat. Tipps für die praktische Umsetzung liefern die folgenden Kapitel.

eingebunden ist: Ist die Architektur der Umgebung angepasst? Wie hoch ist der Anteil an lokalem Personal? Wird lokale Küche auf der Basis lokaler Produkte angeboten? Gerade weil solche Fragen an das Reisebüro oder den Veranstalter zumeist noch auf Erstaunen oder Hilflosigkeit stoßen, sind sie so wichtig: Kurzfristig zeigt man, dass man als kritischer Konsument nicht einfach alles hinnimmt. Langfristig führt das zu mehr Transparenz unter den angebotenen Produkten. Erhält man keinerlei Auskunft, kann man es direkt bei den Anbietern umwelt- und sozialverträglicher Produkte versuchen (siehe Internet-Adressen im Anhang).

Die Kunst des Reisens – aber wie?

Wie kann man reisen, um die gewählte Zielregion am intensivsten zu erleben und sie gleichzeitig möglichst wenig zu belasten? Bei der wachsenden Vielfalt an Reiseformen wird es zunehmend schwierig, zu erkennen, wie groß jeweils die Belastung der natürlichen Umwelt ist, wie sehr die einheimische Bevölkerung mitprofitiert und wo die Grenzen der Tragfähigkeit eines touristischen Standorts liegen.

„Nachhaltigkeit" – Zauberwort oder Worthülse?

Seit der UN-Konferenz für Umwelt und Entwicklung in Rio 1992 geistert der Begriff der „Nachhaltigen Entwicklung" durch Politik und Medien. Er bedeutet eine Art von Fortschritt zur Befriedigung der gegenwärtigen Bedürfnisse, ohne die Befriedigung der Bedürfnisse zukünftiger Generationen zu beeinträchtigen. Übertragen auf den Tourismus erfordert Nachhaltigkeit eine quantitative Beschränkung des Tourismuswachstums entsprechend den naturräumlichen, ökologischen und gesellschaftlichen Besonderheiten der jeweiligen Region. Nachhaltig wirtschaftende Unternehmen streben nach der effizienten und schonenden Nutzung der Umweltressourcen unter Verhinderung von irreversiblen Schäden für zukünftige Generationen.

Ökotourismus

Das Jahr 2002 wurde von der UNO offiziell zum **„Internationalen Jahr des Ökotourismus"** mit dem Ziel erklärt, die Weltöffentlichkeit für den Reichtum verschiedener Kulturen zu sensibilisieren, um eine ↗nachhaltige Tourismusentwicklung zu fördern. Dazu sollen auf internationalen Konferenzen konkrete rechtliche Rahmenbedingungen und Methoden zur besseren Steuerbarkeit touristischer Auswirkungen als auch zum Management von Naturparks entwickelt werden. Außerdem sollen touristische „Naturprodukte" besser vermarktet werden, denn bislang beläuft sich der Ökotourismus-Anteil am gesamten Ferntourismus nur auf 0,5 bis 5 %.

Diese hohe Ungenauigkeit ist Ausdruck der mangelnden **Definition von Ökotourismus:** Einigkeit herrscht nur darüber, dass Ökotourismus grundsätzlich eine umwelt- und sozialverträgliche Reiseform zu Naturschönheiten ist, die zur Finanzierung von Schutzgebieten und zum Einkommen der lokalen Bevölkerung beitragen soll. Immerhin werden jährlich fast 10 Mrd. Euro weltweit für Naturreisen in Tropenländer ausgegeben. Diese touristische Begeisterung für unberührte Natur kann bedrohte Arten und Landschaften erhalten, wenn Nationalparks für alle Beteiligten etwas abwerfen. Darum hat sich die Anzahl der Naturreservate innerhalb der letzten 50 Jahre auf über 9000 verzehnfacht und zahlreichen Wildtieren das Überleben ermöglicht.

Leider ist im Ökotourismus nicht alles verträglich, was als solches verkauft wird. Innerhalb der Reiseindustrie wehren sich viele einflussreiche Unternehmen gegen mehr Transparenz des Marktes, weshalb es bis heute kein allgemein anerkanntes System zur Auszeichnung von touristischen Bioprodukten gibt. Könnten nämlich die kritischen Kunden deutlich unterscheiden, welches Reiseprodukt mit welchen Schäden für Natur und Mensch verbunden wäre bzw. wer auf welche Weise profitiere, dann sähe der Tourismus heute anders aus. Denn welcher vernünftige Konsument würde freiwillig in einer Lodge nächtigen, für deren Bau ökologisch wertvoller Tropenwald gerodet wurde, wie dies in Thailand oftmals der Fall war? Oder wer weiß schon von der gewaltsamen Vertreibung der Ureinwohner für die Gründung mancher Nationalparks in Burma oder Tansania?

Schließlich kann der Naturschutzgedanke sogar **ins Gegenteil verkehrt** werden, wo Ökotourismus besonders erfolgreich ist. So wird auf den Galapagosinseln die empfohlene Obergrenze von jährlich 12.000 Besuchern um das Vierfache überschritten,

▶ *Widersprüche:*
Ohne Ökotouristen
wäre das Nashorn
vielleicht schon
ausgestorben ...

was die Natur durch Erosion, Müll und Abwässer schädigt und die Tiere durch Störung der Brut und durch die gesteigerte Nachfrage nach Tiersouvenirs gefährdet.

Am Beispiel des Ökotourismus wird deutlich, wie schwierig verantwortungsbewusstes und respektvolles Reisen sein kann: Man ist mit nebulösen Informationen, verlockenden Sonderangeboten oder relativ teuren Alternativen konfrontiert. Einen Ausweg ermöglicht nur ein **Kompromiss,** indem man beispielsweise billig und rasch, aber umweltbelastend in die Tropen fliegt, dort aber von Ureinwohnern freiwillig angebotene Tourismusangebote nutzt, die zur Erhaltung ihrer Tradition und ihrer Lebenswelt beitragen können. Derartige Angebote findet man im Internet unter:

● www.tourismconcern.org.uk
● www.Eco-Tour.org

Selbstverständlich wird eine Region umso höher belastet, je mehr sie von Touristen frequentiert wird. Darum sollten solche Orte oder Verkehrswege, die bereits überlaufen sind, zumindest während der Be-

◄ ... *Die Beliebt-*
heit der Natur-
parks zerstört, was
zu schützen wäre.

sucherspitzenzeiten gemieden werden. Flüssiger
Verkehr belastet Umwelt und Nerven weniger.

Wer Naturparks außerhalb der Hauptsaison besucht, verringert die Belastung für die Tier- und
Pflanzenwelt und steigert das Naturerlebnis. Gleiches gilt für den Kontakt zu Einheimischen: Je weniger Touristen pro Hektar, desto höher die Chance
zu Begegnungen. Gruppen fotografierender Touristen lassen nur Fließband-Beziehungen zu.

In der Gruppe oder individuell?

Doch der vielgeschmähte **Massentourismus hat
auch seine Vorteile,** etwa dass ein hohes Touris-
musaufkommen bei räumlich begrenzten ökologischen Auswirkungen besser kontrollierbar ist. Ob
Badezentrum oder Erlebniswelt, hier kann ein gutes
Verkehrs- und Umweltmanagement die Umweltkos-
ten beträchtlich reduzieren, was bei der gleichen
Zahl an Individualtouristen in Naturparks unmöglich wäre.

Ob Pauschal- oder Individualreise, eine typische Form des „besseren" Reisens an sich gibt es nicht: Der **Pauschalreisende** bucht ein Gesamtpaket, trägt somit eine „Pauschal-Veranwortung" bei der umsichtigen Wahl eines Reiseveranstalters oder einer Hotelanlage. Dafür hat er im Urlaub etwas weniger Entscheidungsfreiheit, aber zumeist einen hilfreichen und hoffentlich verantwortungsbewussten Reiseleiter zur Seite. Dagegen wählt der **Individualist** jede Reiseleistung einzeln aus und hat dadurch unterwegs mehr Entscheidungsfreiheit – und die Last der Verantwortung. Grundsätzlich bedienen sich praktisch alle Touristen derselben touristischen Infrastruktur, reisen aus ähnlichen Motiven und entscheiden unterwegs anhand ähnlicher Kriterien.

Letztlich kommt es darauf an, wie eine Reise konkret gestaltet ist: Wer Rücksicht auf die örtliche Kultur und Umwelt nimmt und möglichst viel zur lokalen Wirtschaft beiträgt, indem er in der Gegend hergestellte Nahrungsmittel konsumiert, in einheimischen Quartieren nächtigt und bevorzugt lokale Verkehrsmittel benutzt, ist jedenfalls willkommen.

Die Wahl des Reiseveranstalters

Eine organisierte Rundreise birgt die Chance, einen verantwortungsvollen **Reiseleiter** als kompetenten Vermittler zur Seite zu haben. Besonders hohe Ausbildungsstandards für Reiseleiter herrschen zum Beispiel bei Studiosus Reisen (www.studiosus.de). Wer in die Wüste reisen möchte, wird bei Oase Reisen (www.oasereisen.de) auch von Tuareg-Forschern und langjährigen Sahara-Experten geführt.

Wer freilich bei einem x-beliebigen Veranstalter zum Dumpingpreis bucht, muss mit schlecht geschultem und bezahltem Personal mit wenig Sinn für inhaltliche Werte rechnen.

Qualität hat ihren Preis. Sozialverträglichere Tourismusprodukte ermöglichen dem Personal ein anständiges Einkommen. Billigst-Angebote sind oft nur durch Kinderarbeit zum Hungerlohn rentabel.

 Die Wahl eines verantwortungsvollen, wenn auch etwas teureren Unternehmens, ist somit der wichtigste Beitrag des Pauschalreisenden für eine verträglichere Tourismusentwicklung. Ein solches Unternehmen sollte auf folgende Fragen gute Antworten haben: Wird ein ausdrücklicher Reiseethik-Kodex oder zumindest Informationsblätter mit Umwelt- und Verhaltenstipps für Gäste geführt? Was wird in den Partner-Hotels gegen Kinderprostitution getan? Ist der Reiseleiter zu Aspekten des verträglicheren Reisens geschult? Werden soziale Projekte vor Ort gefördert?

Um dem Konsumenten die schwierige Suche nach verträglichen Reiseprodukten zu erleichtern und den nachhaltigen Tourismus zu fördern, haben sich über 80 Veranstalter zum **Netzwerk „forum anders reisen"** (www.forum-anders-reisen.de) verbunden. Die Reiseprodukte müssen einem strengen Kriterien-Katalog entsprechen: kleine Reisegruppen, ökologische Fortbewegungsmittel vor Ort, umfassende Reise-Informationen, langfristige Verträge bei fairer Bezahlung mit den Veranstaltern vor Ort, Nutzung örtlicher Hotels bei Verpflegung mit regionalen Lebensmitteln, Unterstützung lokaler Projekte und keine Touren zu Gemeinden, die keinen Tourismus wünschen.

Will man seinen Urlaub möglichst umweltfreundlich an einem fixen Ort verbringen, so sind die Datenbanken von Eco-Tour (www.Eco-Tour.org) und The Ecotourism Society (www.ecotourism.org) mit weltweiten Angeboten hilfreich.

**Umwelt-
management**
*steuert die Energie-
und Wasserversor-
gung sowie die
Abfall- und Wasser-
entsorgung eines
Betriebs nach ökolo-
gischen Kriterien.*

Das gewählte Unternehmen sollte man jedenfalls nach dessen ↗Umweltmanagement befragen. Wer die Antworten schuldig bleibt, scheint wenig Wert auf Umweltschutz zu legen. Von Luxushotels ist wegen des hohen Energie- und Wasserverbrauchs und wegen der hohen Quote an ausländischem Kapital abzuraten.

Freilich bieten auch Alternativ-Veranstalter immer nur Kompromisslösungen an, weil sich umwelt- und sozialverträgliche Reiseprodukte in Konkurrenz zu schillernden Sonderangeboten nur schwer verkaufen lassen. Auch das beste Produkt ist ohne Käufer nichts wert. Doch wird mit der Buchung solcher Produkte für den Markt ein wichtiges Signal gesetzt, während durch die Buchung bei einem klassischen Anbieter, der sich ausschließlich an kurzfristigen Profitkriterien orientiert, das vorherrschende System gefördert wird. Wer hingegen sein Interesse an Entwicklungsfragen mit dem Reisen in die Dritte Welt verbinden will, kann sich an einen **Projekt-Reiseveranstalter** wie zum Beispiel an Waschbär-Reisen (www.waschbaer-reisen.de) wenden.

Am anderen Ende des Spektrums der Reiseformen gibt es leider auch solche Anbieter, die wesentlich für den schlechten Ruf der Tourismusindustrie als Umwelt- und Sozialsünder verantwortlich sind. Für sie typisch sind die hohe Umweltbelastung durch maßlosen Ressourcenverbrauch sowie die fehlende Sozialverträglichkeit durch die mangelnde Einbindung der lokalen Wirtschaft. Besonders ausgeprägt ist es bei **All-inclusive-Anlagen, Kreuzfahrten** und **Golftourismus,** weshalb solche Vergnügungen nur unter besonderem Vorbehalt zu empfehlen sind.

Ökologisch besonders problematisch ist **Golftourismus.** 350 neue Anlagen werden jährlich weltweit angelegt und das zumeist in den landschaftlich schönsten und ökologisch wertvollsten oder frucht-

Projekttourismus

Bei dieser Tourismusform spielt das Dritte-Welt-Engagement eine wesentliche Rolle. Die Teilnehmer werden oft in Kurzseminaren auf die Reise vorbereitet und in landesüblichen Unterkünften, auch bei einheimischen Familien, untergebracht. Während der Rund- oder Trekkingreisen werden verschiedene Entwicklungsprojekte besucht, die sich bewusst und ausdrücklich für Tourismus entschieden haben oder die durch die Teilnahmegebühr der Reisenden finanziell unterstützt werden. Ziel solcher Reisen ist es, die Touristen für Entwicklungshilfe zu interessieren oder gar für die längerfristige Unterstützung eines Projektes zu gewinnen.

Freilich birgt auch diese Reiseform gewisse Risiken. So wird bei der ungleichen Begegnung zwischen den finanzstarken Besuchern und den relativ armen Besuchten oft die Erwartung des großen Devisensegens genährt. Auch neigen solche Projekte dazu, ihr Engagement von der eigentlichen Entwicklungsarbeit hin zum „schnellen Geld" durch Tourismus zu verschieben. Dennoch überwiegen die positiven Aspekte dieser Reiseform: Das Interesse der Besucher am Projekt fördert das Selbstwertgefühl der Projektmitglieder und trägt zu gegenseitigem Verständnis bei. Somit kann Projekttourismus auf verträgliche Weise die Sehnsucht von Touristen nach neuen Erfahrungen befriedigen und gleichzeitig Hilfsprojekte unterstützen. Dadurch ist Projekttourismus ein wichtiger Impulsgeber für die kritische Weiterentwicklung des Massentourismus.

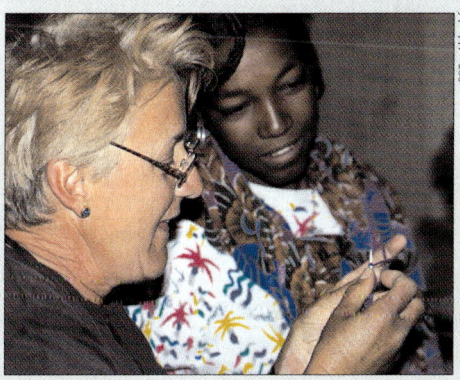

◀ Beim Besuch eines Projekts kann jeder etwas profitieren

All-inclusive - der totale Vorteil für jedermann?

Das Paradies mit Rundum-Versorgung auf Zeit ist der totale Renner: Klub-Urlauber haben bei kalkulierbaren Kosten eine Erlebnisgarantie und Investoren erzielen eine hohe Gewinnquote, weil ihnen sämtliche Einnahmen zukommen. Im Gegenzug dazu fällt für die lokale Wirtschaft wenig ab. Die Bevölkerung erhält in den Anlagen häufig nur untergeordnete Jobs und - wegen der Bargeldlosigkeit - kaum Trinkgeld. Die voll versorgten Gäste verzichten natürlich auf umliegende Restaurants und Bars, die dadurch ihre Kunden verlieren oder zu niedrigsten Lock-Preisen gezwungen werden. Auch der Staat verdient unterm Strich nur wenig, weil viele Investoren nur unter der Bedingung von Steuerfreiheit und Subventionen zu bauen beginnen. Im Gegenzug dazu belasten solche Ressorts die Region mit einem hohen Müllaufkommen und hohem Wasserverbrauch, was in heißen Trockengebieten zu großen Problemen führen kann!

Für den Kunden hat All-inclusive zweifellos angenehme Vorteile. Will man darauf nicht verzichten, aber dennoch verantwortungsbewusst reisen, so sollte man solche Ressorts wählen, die harmonisch in die Landschaft passen, möglichst heimisches Personal beschäftigen, lokale Küche servieren und ein gutes Umweltmanagement betreiben.

Literaturtipp
„All inclusive?"
von H. Schäfer,
ISBN 3-89416-767-X,
Reise Know-How
Verlag

barsten Gebieten. Die Pflege des grünen Tropen-Rasens verbraucht täglich bis zu 3000 m³ Wasser, das entspricht dem Bedarf von 15.000 Menschen! Enorme Mengen an Dünge- und Pflanzenschutzmitteln belasten zudem das Grundwasser! Zumindest in Trockengebieten sollte auf grüne Golfplätze besser verzichtet werden.

008rr Abb.: hf

Verkehrsmittel – eine Frage der Zeit

„Der Reisende schafft das wieder, wovor er flieht: Überfüllung, Asphaltierung, Zersiedlung und Umweltbelastungen. Motorisierter Tourismus sägt am eigenen Ast." Der Tourismuskritiker Jost Krippendorf behielt Recht: 100 Mio. Autofahrer stauen sich jährlich in den Alpen.

Die größte Umweltsünde im Tourismus ist die Anreise, die 90 % des gesamten **Energiebedarfes** im Urlaub benötigt. Fast die Hälfte aller weltweit zurückgelegten Personenkilometer entfallen auf den Freizeit- und Urlaubsverkehr, der überwiegend per Auto (58 %) oder Flugzeug (31 %) abgewickelt wird – mit katastrophalen Folgen für die Umwelt. Die weltweiten Abgase verursachen einen globalen Klimawandel, der zur deutlichen Erwärmung der Atmosphäre, zur Verschiebung der Klimagürtel und zum Anstieg des Meeresspiegels führt. Folgen sind vermehrt auftretende Wirbelstürme, Dürrekatastrophen und Überschwemmungen, von den Hunger-Flüchtlingen und den Kriegen um Wasser ganz zu schweigen.

Die Umweltbestlastung steigt mit der Entfernung des Urlaubsziels und dem **„Härtegrad der Mobilität".** Hart mobil sind Autofahrer und Flugpassagiere. Sanfte Mobilisten reisen dagegen per Rad, Bahn, Bus oder Schiff. Freilich kosten sanfte Verkehrsmittel mehr (Urlaubs)-Zeit, die teuerste Ressource gestresster Europäer. Dabei reduziert eine gemächliche Anreise den Stress und steigert den Erholungs- und Erlebniswert vom ersten Kilometer an. Denn um an einem Ziel anzukommen, bedarf es vor allem einer mentalen Annäherung.

Jedes **sanfte Verkehrsmittel** hat seine spezifischen Vor- und Nachteile:

▶ *Der Flugverkehr produziert fast 4 % der Abgase, die den globalen Klimawandel verursachen, bei einem jährlichen Wachstum von 10 Mio. Tonnen CO_2. Weil beim Start die meiste Energie verbraucht wird, sind Kurzstreckenflüge die größten Dreckschleudern.*

- Die **Bahn** ist für Reisen innerhalb von Europa wegen des gut ausgebauten Netzes hervorragend für Anreisen geeignet und erlaubt auch die Mitnahme eines Fahrrads. Vor allem für Jugendliche gibt es sehr günstige Kombi-Angebote für mehrere Länder. Auch für Fernreisen ist die Bahn eine ökologisch sinnvolle und zeitlich interessante Alternative zum Zubringerflug und wird von vielen umweltbewussten Veranstaltern angeboten.
- **Busse** sind mittlerweile dank des wachsenden Netzes von Euro-Line für die größeren Städte Europas eine sehr günstige und flotte Variante zur Bahn und zu Kurzstreckenflügen.
- **Per Schiff** größere Strecken, etwa bis nach Australien, zurückzulegen ist zwar möglich, ökologisch sehr verträglich, aber leider sehr teuer. Günstig sind dagegen Fährschiffe, vor allem in Kombination mit der Bahn. So lassen sich alle Mittelmeerländer gemütlich per Fähre erreichen.

Es muss kein Jet sein, um der Sonnen entgegen zu kommen. Auch mit sanften Verkehrsmitteln kommt man voran, schont dabei die Umwelt und fördert die öffentlichen Verkehrsnetze. Tipps für die Fortbewegung vor Ort siehe Seite 88.

Information statt Reiseträume

Eine Reise führt immer durch fremdes Terrain, in dem andere Regeln herrschen als bei sich zu Hause. Vor 150 Jahren gelangte Heinrich Barth nur deswegen heil durch die Sahara, weil er, des Arabischen mächtig, sich als Einheimischer ausgegeben hatte. Heute gaukelt uns die Reiseindustrie vor, man sei in den Traumzielen des Südens überall herzlich willkommen. Wer aber zum Beispiel verträumt durch die „romantische Armut" der Slums von Rio schlendert, bekommt die untouristische Realität mit aller Härte zu spüren.

Die **mangelnde Kenntnis lokaler Sitten und Tabus** ist die häufigste Ursache für unpassendes Verhalten vieler Urlauber, die den Kontakt zur einheimischen Bevölkerung suchen. Dadurch kommen Missverständnisse zu Stande, die im günstigsten Fall nur den zwischenmenschlichen Kontakt stören und im Extremfall das Leben kosten können. Solche Gefahren sind vermeidbar, indem man sich auf ein Land gezielt vorbereitet. Freilich ist die Wirklichkeit eines Reiselandes zu komplex, um vor jedem Tritt ins Fettnäpfchen gefeit zu sein. Doch wird irrtümliches Fehlverhalten eher auf Nachsicht oder gar Humor stoßen und nicht als dreiste Ungehörigkeit ausgelegt. Eine Reise sollte darum stets mit dem Kopf beginnen. Denn wer mehr weiß, sieht nicht nur mehr und öffnet sich damit die Türen zu einem Land. Er sieht vor allem die Gefahren, bevor es zu spät ist.

Information über jeden Winkel der Erde findet man im Internet (Web-Adressen im Anhang), in Reiseführern und Fachbüchern. Problematisch ist freilich die sinnvolle **Auswertung der Informationsfülle.** Der ersten Orientierung dient ein Besuch in der örtlichen Bibliothek, wo man kostenlos in Reiseführern, Bildbänden und in Hintergrundliteratur

Sicherheitskompass

Welche Fragen sind wichtig, wenn man alles über sein Reiseziel wissen will? Als Info-Lotse dient folgender „Sicherheitskompass":

- *Wo ist es besonders heikel - wegen großer Armut, politischer Krisen oder Konflikten, strenger Sitten oder Epidemien?*
- *Wann ist die Gefahr am höchsten - wegen geheimer Riten oder klimatischer Extreme?*
- *Wem gebührt besonders Respekt und Vorsicht - auf Grund seiner sozialen, politischen, religiösen oder (leider nicht selten) ethnischen Zugehörigkeit?*
- *Was sollte man möglichst unterlassen - betreffend die Wahl der Bekleidung, des allgemeinen Auftretens, der Gesprächsthemen oder des Verhaltens gegenüber dem anderen Geschlecht? Speziell auf solche Fragen finden sich in den Folgekapiteln grundlegende Antworten.*

Ausgestattet mit solchem defensiven Wissen werden einem sicher weniger Missgeschicke widerfahren.

Informationen zu Land und Leuten

Eine gute Einführung in eine Region geben die „Sympathiemagazine" des Studienkreises für Tourismus und Entwicklung (www.studienkreis.org), die Kulturführer der Reihe „KulturSchock" oder die Reiseführer der Reihe „Reise Know-How" (www.reise-know-how.de) wegen ihrer reichen Hintergrundinformationen.

schmökern kann. Auch fundierte Diavorträge vermitteln einen gewissen Eindruck und ermöglichen, die ortskundigen Vortragenden mit Fragen zu löchern. Gespräche mit Kennern der Wunsch-Region sind generell eine Goldgrube für Reisetipps.

Wer mehr erleben und einem Land aktiv begegnen will, muss die **Landessprache** verstehen können. Schon für die Kenntnis weniger Phrasen wird man eine Wertschätzung ernten, die dem Sprachverweigerer ver-

wehrt bleibt. Das Bemühen um Verständigung ist es, das mit Aufgeschlossenheit und Gastfreundschaft honoriert wird. Klar, dass mit dem Grad der Sprachkenntnis auch die Chancen der Kommunikation steigen. Doch für den Austausch über die wichtigsten Alltagsbelange genügen bereits hundert Wörter.

▲ Schon mit geringsten Sprachkenntnissen kann man mitlachen.

Einen ersten Lerneffekt erzielt man mit der Aufstellung einer solchen Sprachliste, die Gruß- und Höflichkeitsformeln sowie grundlegende Begriffe wie „Wasser", „Hunger", „Schlafen" beinhalten sollte. Kleine Sprachbreviers findet man auch in guten Reiseführern. Vertiefende Kenntnisse vermitteln spezielle Reise-Sprachführer. Ausgerüstet mit diesen Mindestkenntnissen ist man bereits auf dem besten Weg in eine erlebnisreiche neue Welt ...

💡 Kauderwelsch beherrschen

Aus über 150 Titeln zu über 90 Sprachen und Dialekten findet man in der Reihe „Kauderwelsch" des Reise Know-How Verlags immer eine passende Sprachhilfe. Die von reiseerfahrenen Landeskennern geschriebenen Bücher zeichnen sich unter anderem durch einen leichten Einstieg in die Sprache und die Vermittlung des Reisewortschatzes aus.

011r Abb. hf

▶ *Begegnung in*
der Wüste: Kamel-
karawane und
Autoexkursion

Begegnung
mit der Fremde

Begegnung

Respekt – die zwischen-menschliche Währung

Wer die Wohnung eines Freundes betritt, wird dessen Bitte, nicht zu rauchen, respektieren – oder das letzte Mal dort Gast gewesen sein. So ist es nur logisch, auch in einem Gastland die herrschenden Regeln zu befolgen. Das Bewusstsein, beim Reisen einen fremden Lebens- und Rechtsraum zu betreten, ist entscheidend. Doch gerade im Urlaub wähnt man sich „endlich frei" von allen Anstandsregeln. Das ist so lange in Ordnung, als man sich im „geschützten" touristischen Bereich des Hotels oder des Reisebusses befindet.

In der Welt der Einheimischen aber trägt der Reisende die volle Verantwortung für sein Verhalten gegenüber diesem fremden Lebensraum, in den er zumeist ohne persönliche Einladung eindringt. Hier ist Respekt die nötige Grundhaltung, mit der es am besten gelingt, ein Land zu erleben, ohne dabei jemanden zu verletzen oder zu schädigen.

Wie aber verhält man sich „richtig"? Für den **öffentlichen Raum** gibt es relativ klare Regeln. So gilt es beispielsweise als Provokation, wenn nicht gar als Verhöhnung der Religion, in einem islamischen Land öffentlich Alkohol zu trinken.

Komplizierter wird es im **zwischenmenschlichen Bereich.** Eine Hilfestellung bietet hier die Frage nach dem Eindruck, den man selbst nach außen vermitteln will. Gute Animateure sind ja darum so beliebt, weil sie die gesamte Palette der verbalen wie nonverbalen Kommunikation beherrschen und sich äußerlich perfekt auf ihren Gesprächspartner einstellen können. Sich als Reisender mit seinem äußeren Erscheinungsbild auf die jeweilige Umgebung einzustellen bedeutet jedoch keinesfalls eine totale Angleichung: In jeder Gesellschaft wird einem Fremden mehr Toleranz entgegengebracht als

etwa einem Einheimischen. Nur Fremdes ermöglicht auch neue Begegnung und Austausch. Worauf es ankommt ist das Gespür für das richtige Maß an äußerer Anpassung und Individualität.

▲ In der touristischen Welt des Campingplatzes ist man unter sich

! Je weniger man über die Einheimischen weiß, desto eher empfiehlt es sich, zurückhaltendes Interesse und die grundsätzliche Anerkennung von kulturellen Unterschieden zu signalisieren. Mit Behutsamkeit kann man am wenigsten falsch machen.

Dies gilt auch für die nonverbale Kommunikation: Jede Kultur hat beispielsweise Regeln, wie man jemanden höflich anzublicken hat. Vielerorts wird der direkte **Blickkontakt** als aufdringlich, bedrohlich oder gar als sexuelle Aufforderung empfunden Fremden sollte man darum anfangs nur flüchtig ins Gesicht blicken, bis man gelernt hat, welche Blickweise in welcher Situation angebracht erscheint.

▲ *Gesenkter Blick: Jede Kultur hat ihre Regeln*

Sonnenbrillen wiederum sollte man besonders im Umgang mit Respektspersonen (Militär, Zoll ...) abnehmen, um nicht den Eindruck zu erwecken, man wolle seine Augen verstecken.

Völlig fehl am Platz ist die **Zurschaustellung der eigenen Person** durch Kleidung, Gesten, verbale Äußerungen und lautstark geäußerte Vorurteile. Auf Reisen sollte man sich angewöhnen, eher zuzuhören und zu beobachten, anstatt die eigenen Weisheiten zu versprühen. Dadurch sinkt das Risiko, etwas Unpassendes zu sagen, man vermittelt Interesse am Gesprächspartner und erfährt Insider-Wissen über das Reiseland.

Gibt es auch **Grenzen der Zurückhaltung** – wie bei Frauenverstümmelung oder bei sozialer Ungerechtigkeit? Nicht für den Fremden, der die Zusammenhänge der „anstößigen" Situation nicht genug kennt, um konstruktiv zu intervenieren. Zu hoch ist das Risiko, mehr Schaden als Nutzen zu verursachen (siehe „Falsche Helden – wenn Zivilcourage schadet"). Lässt man sich hingegen mehr auf ein Land ein, so wird man zunehmend mit dessen Widersprüchlichkeiten konfrontiert. Diesen Widerspruch zuzulassen und für die dahinter liegenden Probleme sensibel zu werden, anstatt das Gesehene mittels Klischees à la „arm, aber glücklich" zu romantisieren, ist die große Kunst des Reisens.

Selbstbeherrschung

in Stresssituationen ist die wichtigste, wenn auch oft harte Regel für unterwegs. Ob Wartezeiten, Pannen oder Schikanen, kein Mensch ist mit Wutanfällen zu beeindrucken. Man verliert nur sein Ansehen und verschärft das eigentliche Problem. Mit Lächeln kommt man viel weiter.

In der Öffentlichkeit

Bekleidung

Urlaub und leichte Kleidung scheinen unverrückbar zusammenzugehören. Doch ist unangebrachte Kleidung der häufigste, weil offensichtlichste Grund des Anstoßes am Verhalten der Touristen. So erregte der einstige österreichische Außenminister Alois Mock internationale Belustigung, als er in Jordanien in Shorts angeflogen kam ... Empörend ist ein solches Verhalten besonders in Ländern, wo einheimische Frauen das Haus nur tief verschleiert verlassen dürfen.

Kleidung hat in vielen Kulturen nicht nur eine Schutzfunktion. Sie ist vielmehr Ausdruck von Prestige, Position und vor allem von herrschenden Sittenvorstellungen. Darum sollte sich ein Reisender eigentlich schon beim Kofferpacken überlegen, welche Kleidung der öffentlichen Moral des Reiselandes am besten entspricht und was als anstößig empfunden wird:

Frauen sollten in Entwicklungsländern generell Minirock, Shorts oder freizügige Oberteile vermeiden. Dies gilt sowohl aus Rücksicht auf die Werthaltungen der Menschen, als auch aus reinem Selbstschutz: Sexy gekleidete Damen gelten unter der männlichen Bevölkerung als „Freiwild"!

Am besten bewährt sich unauffällige Kleidung: luftige, lockere Baumwollhosen und darüber weite, lange Baumwollkleider, welche die Oberschenkel völlig bedecken. Je länger und weiter die Kleidung ist, desto weniger kann damit Anstoß erregt werden. Zudem trägt sich etwas Weites in der Hitze bequemer als hautenge, unschickliche Gewänder. Um im Zweifel den richtigen Grad an Schicklichkeit zu treffen, gibt die Bekleidung der Frauen aus städtischen Mittelschichten einen guten Anhaltspunkt.

Typisch Tourist!

Shorts, T-Shirt, Sonnenbrille und Kamera sind die untrüglichen Kennzeichen von Herrn Meier im Urlaub. Ist er in weiblicher Begleitung, so wandelt er zärtlich umschlungen durch die exotische Welt ... Das Klischee vom Touristen, der sich bei der Besichtigung fremder Kultstätten wie in einem völkerkundlichen Freilichttheater bewegt, beschreibt die triste Wirklichkeit. Untersuchungen haben für zahlreiche Länder des Südens festgestellt, dass die zügellose Moral der Reisenden den Hauptfaktor für die negative Einstellung der Einheimischen bildet. Toleriert wird der „sittenlose" Fremde seitens der Bevölkerung höchstens auf Grund finanzieller Erwartungen. In Europa findet kaum jemand neben dem Alltagsstress die Zeit, sich vor dem Abflug mit den Besonderheiten des Urlaubsziels zu befassen. Darum kommen Fluggäste unvorbereitet in andere Kulturen, wo sie sich wie die Elefanten im Porzellanladen verhalten. Tatsächlich ist diese Sorglosigkeit Ausdruck des besonderen Lebensgefühls im Urlaub, da alles erlaubt ist und die heimatlichen Benimmregeln aufgehoben sind. Zudem ist man im Urlaub inkognito und sollte etwas passieren, so fährt man nach wenigen Tagen wieder heim.

Ein Ehering an der Hand und ein generell unauffälliges Auftreten schützt zusätzlich vor ungewollten Belästigungen. Mancherorts, besonders aber für den Besuch einer Moschee, wird von Frauen erwartet, dass sie ihr Haar mit einem Tuch verhüllen. Generell empfiehlt sich, Kopf und Schultern der stechenden Sonne wegen zu bedecken.

Männer sollten zudem niemals in Unterhemden oder kurzen Hosen auftreten, denn letztere gelten als Unterhosen!

Schuhe sind gelegentlich auszuziehen: Weil die Straßen meist nur durch Regenfälle, also sehr selten

▲ *Perfekte Touris-tinnen-Tarnung im Iran*

gereinigt werden, tritt man leicht in Kloake und Abfall. Darum werden vor dem Betreten der sakralen Gebäude und der Wohnungen die Schuhe aus hygienischen Gründen abgestreift.

In manchen Kulturen spielt die **Farbgebung der Kleidung** eine bedeutende Rolle. Am besten orientiert man sich am Straßenbild, um nicht ungewollt aufzufallen. In Ländern mit politischen Spannungen ist jedenfalls von militärischen Farben abzuraten, um sich nicht der Spionage verdächtig zu machen. Ideal sind Erdtöne: Sie sind unauffällig und kaschieren den Schmutz.

Gepflegte Kleidung ist für die Menschen im Süden ein wichtiges Statussymbol, weshalb unverhältnismäßig viel Geld für standesgemäße und saubere Kleidung ausgegeben wird. Ein Tourist in abgerissenen, schmutzigen Gewändern wird im günstigsten Fall Verachtung ernten, im schlimmeren Fall sogar die Gefühle der Menschen verletzen, wenn sie den schäbigen Aufzug als Verspottung ihrer Armut empfinden. Hellhäutige Fremde werden automatisch

▶ Ein Turban hält den Kopf kühl

der reichen Oberschicht zugeordnet, weshalb von ihnen auch entsprechende Umgangsformen und angemessene Kleidung erwartet werden. Darum sollte man auf jeder Reise für besondere Anlässe, ob für eine Einladung bei einer Familie oder für einen Behördenweg, eine tadellose Hose und ein sauberes Hemd bzw. ein ordentliches Kleid und ein Paar passable Schuhe im Gepäck haben.

Ein gepflegtes Äußeres ist nicht mit der **Zurschaustellung von Reichtum** zu verwechseln. Viele unserer Alltagsgüter kosten im Süden den Monatslohn eines Familienvaters. Angesichts der extremen Armut wäre es eine fahrlässige, ja gefährliche Provokation, teure Gewänder, Uhren,

Schmuck oder eine funkelnde Kameraausrüstung demonstrativ in der Öffentlichkeit zu tragen. Noch schlimmer ist es, solche Wertsachen in der Öffentlichkeit sorglos zu behandeln. Dies gilt auch für den Umgang mit Geld! Wer freizügig mit großen Geldscheinen hantiert, stiftet Begehrlichkeiten und fordert kriminelles Verhalten heraus! Darum empfiehlt es sich, immer genug Kleingeld bereit zu haben. Muss man unerwartet auf den dicken Geldbeutel zugreifen, so sollte dies unbedingt in einer sichtgeschützten Ecke geschehen.

Sichtschutz ist auch beim **Baden** ein Muss. Nacktbaden ist in vielen Ländern verboten, jedenfalls aber verpönt. Bikinis gelten vielerorts als Reizwäsche. Faustregel: Sich umsehen und anpassen, wer wie badet! Im Zweifel garantiert ein um den Körper gewickeltes leichtes Tuch einen gefahrlosen Badegenuss.

Oben ohne baden?
Wer meint, traditionelle Kleidungsnormen in Entwicklungsländern seien diskriminierend, sollte einmal „oben ohne" in Kalifornien baden gehen. Darauf droht dort Gefängnisstrafe!

Unangebracht ist auch der öffentliche **Austausch von Zärtlichkeiten** zwischen Paaren. Hingegen sind zärtliche Gesten zwischen Männern besonders in islamischen Ländern üblich und keineswegs Ausdruck von Homosexualität.

*„Eine Frau, die öffentlich ihren Mann küsst, kann im Bett nicht bekommen, was sie braucht."
(afrikanische Redensart)*

Alle diese Regeln gelten in verschärftem Maße für den **Besuch von religiösen Kultstätten.** Weil diese grundsätzlich für Gläubige und nicht für Touristen gedacht sind, sollten Besichtigungen ausschließlich mit der Genehmigung des zuständigen Verantwortlichen und nur außerhalb der Gebetszeiten erfolgen. Beim Betreten einer Moschee oder Pagode sind die Schuhe auszuziehen, in Moscheen müssen Frauen ihr Haar bedecken. Innen herrscht absolutes Rauchverbot. Religiöse Gegenstände dürfen keinesfalls berührt werden. Zum Fotografieren bedarf es einer zusätzlichen Genehmigung. Ein Blitz

▲ *Einheimische haben auf ihren Festen Vorrang!*

sollte nur verwendet werden, wenn keine Gefahr besteht, Betende zu stören. Im Zweifelsfall sollte man die Kamera gar nicht auspacken.

Sensibilität erfordert auch die Teilnahme an **religiösen Zeremonien,** die in der Öffentlichkeit stattfinden. Obwohl sie oft die Krönung einer Reise darstellen, richten sich diese Veranstaltungen an die Einheimischen. Im Zweifel sollte man sich der Genehmigung zur Teilnahme versichern, um nicht Empörung zu provozieren. So sind etwa bei Voodoo-Zeremonien, die in Benin oft im Freien stattfinden, nur ausgewählte Gäste erwünscht. Auf Zeremonien sollte nur mit Genehmigung fotografiert werden, weil gewisse Riten unter Abbildungsverbote fallen.

Wo immer sich viele Menschen treffen, gibt es für Diebe und Bettler etwas zu holen. Als Schutz gegen Langfinger lässt man wertvolle Gegenstände am besten im Hotel oder verstaut sie gut unter der Kleidung dicht am Körper. Für den Umgang mit der verstärkten Bettelei orientiert man sich am besten an den Einheimischen. Genaueres zum Thema Bettelei siehe Seite 96.

◄ Die Tuareg pflegen untereinander ein ausgedehntes Begrüßungszeremoniell

Umgangsformen –
keine Selbstverständlichkeit

Jede Begegnung beginnt mit einem Gruß. Das Gelingen des **Begegnungsritus** kann für den Verlauf einer zukünftigen Bekanntschaft entscheidend sein. Wer jedoch einen asiatischen Bauern händeschüttelnd begrüßt, könnte Entsetzen statt Herzlichkeit ernten: In weiten Teilen Asiens legt man zum Gruß nur die Hände vor der Brust zusammen und spricht dabei ein landesübliches Grußwort. In einigen Ländern Schwarzafrikas wiederum gibt der Mann einer Frau zur Begrüßung keinesfalls die Hand.

Vielerorts pflegt man bei einer Personengruppe zuerst den alten Menschen Respekt zu erweisen. Die **landesüblichen Höflichkeitsformen** zählen somit zu den ersten Landeskenntnissen, die sich ein Reisender aneignen sollte.

Fast weltweit gilt Lächeln als wichtigste Brücke zu einer guten Verständigung. Doch **missverstandene Freundlichkeit** zwischen Personen verschiedenen Geschlechts kann auch böse Folgen haben. Wer etwa als Mann in konservativen arabischen Ländern öffentlich eine Frau freundlich um Auskunft bittet, kann damit ihren Tod verschulden, wenn dadurch in den Augen der Familie die „Ehre" der Frau beschmutzt wurde. Umgekehrt kann eine Reisende, die einheimische Männer anstrahlt, als werbende Prostituierte missverstanden werden. Darum sollte man in der Öffentlichkeit Einheimischen des anderen Geschlechts gegenüber äußerst zurückhaltend auftreten, solange man nicht mit den besonderen Umgangsformen vertraut ist.

Begegnungen –
die Kunst der Langsamkeit

Wer einem Menschen nahe kommen will, muss Abstand wahren! Das klingt paradox, doch es gibt in jeder Kultur eine bestimmte **kritische Distanz,** deren Unterschreitung Angst oder Aggression auslösen kann. Will man darum als Fremder in engeren Kontakt zu einem Menschen treten, bedarf es vor allem der Zurückhaltung und Geduld. Einige einfache „Tricks" tragen zur Entspannung und Beschleunigung der Annäherung bei:

- Anfangs sollte die **Kamera in der Tasche bleiben,** um nicht gleich als fotowütiger Tourist angesehen zu werden.
- Friedliche Absicht signalisiert man durch **Beschwichtigungs-Gesten** wie durch Scherze, Grimassen oder andere Handlungen, die die Men-

schen zum Lachen zu bringen. So wirkt man allenfalls als freundlicher Spinner, gewinnt aber über die Sympathie der Kinder leichter das Vertrauen der Erwachsenen.

- ⚠ Eine große Hilfe ist die **Einführung über Dritte** und sei es auch nur eine Empfehlung aus dem Nachbardorf.
- ⚠ Absolut tabu ist es, aus Neugierde und **ohne Einladung in ein fremdes Haus** einzudringen. Ein solcher Hausfriedensbruch kann böse enden!

Zeit ist der entscheidende Faktor für eine fruchtbare Begegnung. Der „rasende Fotoreporter" bekommt zwar volle Filme, doch sein Herz bleibt leer. Dabei ist es oft die Bevölkerung selbst, die sich einen Plausch mit dem Fremden wünscht: Wer eine Reise tut, hat etwas zu erzählen und im Land ist Abwechslung rar! Hier machen sich die tapfer erworbenen Sprachbrocken bezahlt.

Gastfreundschaft ist international und Fremde werden umso herzlicher aufgenommen, je abgelegener ein Ort ist. Allerdings werden Touristen nicht nur aus Uneigennützigkeit eingeladen. Von ihnen verspricht sich ein Gastgeber Unterhaltung, Prestige

Verstehen ohne Sprache
Selbst begrenzte Sprachkenntnisse sind kein Grund zur Sprachlosigkeit, weil Kommunikation auch nonverbal - mit Händen und Füßen - klappt. In seiner Muttersprache loszuplaudern, wie es auch die Einheimischen tun, macht Spaß und bringt einander näher als sich stumm gegenüber zu sitzen. Ein international verständliches Mittel ist auch Musik, ob Gesang oder ein Blues mit einer Mundharmonika.

oder gar eine Adresse im Ausland. Hier bedarf es besonderer Vorsicht, um keine falschen Hoffnungen auf eine spätere Unterstützung zu wecken.

Gegenseitiges Kennenlernen ist mit dem Austausch von Intimität verbunden. So hegen auch die Einheimischen großes **Interesse an der Welt des Fremden.** Darum empfiehlt es sich, stets eine kleine Fotosammlung mit Familienbildern und Naturauf-

Völkerverständigung durch Tourismus?

*Zwischen Urlaubern und Einheimischen sind unverbindliche, flüchtige
Beziehungen charakteristisch. Zumeist gleichen Fernreisen einer Galopptour
durch die Kontinente. Das dichte Programm lässt kaum die Muße zu, sich in
eine Kultur einzuleben. Die Chancen auf gegenseitiges Verständnis sinken
auch durch die unterschiedlichen Sprachen, Essgewohnheiten, Ansprüche
an eine Unterkunft oder das Wohlstandsgefälle. Wer sich aus Vergnügen in
ein Land begibt, wo Reisen nur aus beruflicher oder familiärer Notwendigkeit
heraus unternommen werden, wird den Einheimischen stets als materiell
überlegen erscheinen.*

*Soziologisch betrachtet, existiert das touristische Unvermögen, mit anderen
Kulturen zu kommunizieren, weil Reisende nur wenig Fremdes zulassen.
Vielmehr überwiegt gerade im Urlaub das Bedürfnis, die Komplexität der
Wirklichkeit durch einfache Symbole in Gestalt von Sehenswürdigkeiten oder
Souvenirs zu erfahren. Durch sie lässt sich Fremdes übersichtlich und erlebnis-
reich konsumieren. Darin liegt auch die Beliebtheit der Pauschalreisen. Sie
präsentieren die fremde Welt gefahrlos in leicht konsumierbaren Happen.
Die Reisegruppe bildet gleich einer Raumkapsel den Lebensraum, der das
Reiseerlebnis bestimmt und den Blick des Reisenden leitet. Ist das Gruppen-
klima schlecht oder versagt der Reiseleiter als „Kapitän", dann sinkt auch
die Bereitschaft, sich der „Außenwelt" zu öffnen.*

*Ein Pauschalreisender empfindet sich weniger als Gast eines Landes, denn als
Kunde seines Reisebüros. Für sein teures Geld erwartet er die Erfüllung des
Reiseprogramms und einen gewissen Komfort. Dies führt in einer Region, wo
Improvisation eher die Regel ist, zwangsläufig zu Konflikten. Zudem fehlt dem
Reisenden der emotionale und zumeist auch intellektuelle Bezug zur Kultur
der „Bereisten". Dies erklärt, warum Touristen vielfach ihr taktloses Auftreten
zum Beispiel in Tempeln gar nicht als solches empfinden: Mit ihrer Kamera
folgen sie lediglich dem Diktat der totalen Dokumentation ihres Erlebnisses.
Diesen Erlebnishunger zu befriedigen ist das wesentliche Ziel der Tourismusindustrie. Zu diesem Zweck wird das Gastland zur bloßen Kulisse der Urlaubs-
inszenierung und seine Einwohner werden zu belebenden Farbklecksen
degradiert.*

nahmen dabeizuhaben. Bitte keine Bilder mit wertvollen oder protzigen Gegenständen: Dies signalisiert materielle Überlegenheit und schafft Distanz! Ideal sind dagegen Kinderfotos, weil Elternstolz weltweit verstanden und anerkannt wird, während Kinderlosigkeit ab einem mittleren Alter bedauert, wenn nicht gar verachtet wird. Wer selbst keine Kinder hat, zeigt eben die Fotos von den Nachbarkindern her und gibt diese als seinen Nachwuchs aus.

Oft werden Besucher mit Speisen willkommen geheißen, denn **gemeinsames Essen** verbindet. Für Einheimische ist es auch eine der wenigen Möglichkeiten, dem „reichen Fremden" etwas von sich anzubieten, um über die Sprachbarriere hinweg eine Brücke zu schlagen. Wer diese Geste ablehnt, begeht eine tödliche Beleidigung!

Sicher widerspricht manche lokale Spezialität dem europäischen Geschmack. Dann sollte man wenigstens scheinbar begeistert zugreifen, um dem Gastgeber Anerkennung und Dank zu vermitteln. Bevor jedoch der Brechreiz Überhand nimmt, retten Notlügen die Situation, indem man sich bedauernd mit Magenschmerzen oder Verdauungskrankheiten entschuldigt.

Auch **beim Essen** zählt das „Wie"! Besonders auf dem Land wird aus dem gleichen Topf gegessen. Fehlt Besteck, sollte man nur mit der rechten Hand in die Schüsseln fassen, weil die linke oft als „unrein" gilt.

Hat man als Gast bei Einheimischen profitiert, ob durch Verköstigung oder durch Beherbergung, sollte man für die verursachten Kosten aufkommen. Als

Anti-Brech-Training
Ekel vor Maden-Eintopf muss nicht sein, denn Geschmack ist kulturbedingt und somit erlernbar, indem man daheim den Gaumen abhärtet. Wer keine geschmackliche Expeditionen verträgt, sollte auf Reiseziele abseits von Pizzabuden verzichten.

Die unreine Hand
In vielen Kulturen wäscht man sich das Gesäß mit der linken Hand, die darum weder zum Gruß, noch zum Essen oder zum Betasten von Waren verwendet werden sollte.

Gegenleistung empfehlen sich kleine Geschenke, wobei Nahrungsmittel weitgehend unverfänglich sind (siehe „Kultivierte Dankbarkeit – Geschenke und Versprechen"). Verfügt man über besondere technische oder medizinische Fähigkeiten, so sind solche Hilfsdienste stets willkommen (vergleiche aber Kapitel „Medizinische Hilfe kann töten"). Einen tollen Abschied inszeniert man auch mit einer musikalischen Vorführung.

Fotografieren statt „Schießen"

Der Fotoapparat gehört ins Reisegepäck wie die Zahnbürste. Touristen ohne Kamera und Heimkehrer ohne exotische Fototrophäen wirken fast schon verdächtig.

Besonders wilde Sitten herrschen auf Gruppenreisen. Unter Zeitdruck, im Schutz der Gruppe und in Konkurrenz um die originellsten Shots wird geknipst, was das Zeug hält. Die trickreiche Umgehung von Fotoverboten gilt hier geradezu als Herausforderung. Dabei wird völlig ignoriert, dass diese „selbstverständliche" Jagd nach Top-Motiven auf Kosten der unfreiwilligen Opfer geht. Ihnen bleiben als Schutz gegen diese Entwürdigung meist nur noch eine steinerne Mine, die Flucht oder im Extremfall Steine ...

Einen Menschen gegen seinen erkennbaren Willen zu fotografieren ist ein aggressiver Akt und durch nichts zu rechtfertigen. Zudem ist die fotografische Ausbeute meist von geringer Qualität. Darum ist vor jeder Aufnahme die freundliche Bitte um Erlaubnis das absolute Minimum an Respekt. Wird die Zustimmung verweigert, so ist auf die Aufnahme mit höflichem Dank zu verzichten. Bei Kindern sollten zusätzlich die Eltern oder wenigstens umstehende Erwachsene gefragt werden.

Literaturtipp
„Reisefotografie"
von H. Hermann,
ISBN 3-89416-772-6,
Reise Know-How
Verlag

C18er Abb.: hf

Der **bewusste Umgang mit der Kamera** kann ein großartiges Mittel der zwischenmenschlichen Begegnung sein. Die Kunst besteht darin, eine vertraute Atmosphäre zu schaffen. Dazu kann die ungewöhnliche Perspektive der Kamera helfen: Bietet man dem erhofften Fotomodell an, selbst durch den Sucher zu schauen oder sogar einmal zu knipsen, so wird man nachher fast immer auf Verständnis für eine Aufnahme treffen. Vor allem bei Kindern bewirkt man damit oft strahlende Gesichter.

▲ Hübsche Mädchen spielen fast überall gerne Fotomodell, sobald sie zum Fotografen Vertrauen gewonnen haben.

Möglichkeiten gibt es viele, um den aggressiven Akt des Knipsens in eine Begegnung umzugestalten, bei der beide Beteiligten profitieren. **Auf farbenprächtigen Märkten**, den absoluten Foto-Paradiesen, kann man der Marktfrau etwas abkaufen oder sich die Namen ihrer Produkte erklären lassen und beim Bauern am Feld kann man sich nach seiner Anbaumethode und der letzten Ernte erkundigen. Sind hingegen zahlreiche Menschen von einem Foto betroffen, etwa beim Einsatz eines Weit-

53

winkel-Objektivs auf Märkten, wird das unauffällige(!) Knipsen die beste Lösung sein, solange sich niemand persönlich belästigt fühlt.

Bei geschlossenen Ereignissen wie bei Dorffesten ist der Dorf-Chef oder der Zeremonienmeister um Genehmigung zu bitten. Dabei sollte man sein Anliegen vortragen und detailliert erklären, was man fotografieren will und was mit den Bildern geschehen soll, um Missverständnisse zu verhindern. So ist die – manchmal zutreffende – Meinung verbreitet, Touristen würden ihre Aufnahmen daheim teuer verkaufen, während ihre „Modelle" leer ausgingen.

Absolute Fotoverbote gelten bei heiligen Stätten, wenn man keine ausdrückliche Erlaubnis des zuständigen Verantwortlichen hat. Nach verbreiteten Vorstellungen werden solche Orte durch Abbildungen entehrt und Personen eines Teils ihrer Persönlichkeit beraubt. Generell sollte auf die Darstellung von religiösen Handlungen verzichtet werden,

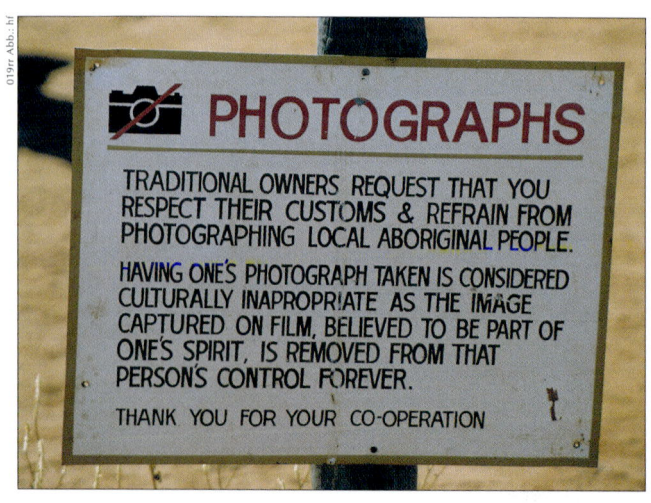

weil dieser Akt der religiösen Hingabe schon durch die Frage um Erlaubnis gestört wird.

Über **örtliche Fotoverbote** für militärische Anlagen oder bestimmte Tabu-Objekte sollte man sich schon vor der Reise informieren und die gegebenenfalls erforderlichen Fotogenehmigungen besorgen. Die Missachtung solcher Verbote kann zur Abnahme des Films oder sogar zur Verhängung einer Haftstrafe führen. Das gilt auch für Fotos in kritischen Situationen, etwa wenn das Militär auf die demonstrierende Bevölkerung einprügelt. Aus Rücksicht auf die Reisegruppe rate ich davon ab, hier den heroischen Reporter zu spielen und die Kamera auszupacken!

Auch die **Dokumentation von Elend,** wie im Fall von Krüppeln oder Elendsvierteln, sollte man gänzlich unterlassen. Selbst von der besten Absicht, mit den Bildern Daheimgebliebene aufzurütteln, verspüren die Betroffenen nur den Akt der Aufdringlichkeit. Zwar kann man das Elend nicht verhindern, zumindest aber die Würde der Betroffenen wahren. Wer fühlt sich schon wohl in der Rolle der Kuriosität, anstatt als Mensch behandelt zu werden?

Fotos gegen Geld – (k)eine Untugend?

Dass jene, die ohnedies fast nichts vom Segen des Tourismus abbekommen, auch ihren Anteil von den satten und reichen Reisemenschen einfordern, ist grundsätzlich legitim. Doch wird man hier wohl in jeder Situation abwägen müssen, ob der Handel vertretbar ist, ohne dadurch die Bettelei zu fördern. Kinder sollte man darum niemals für ein Foto bezahlen (siehe „Almosen - (k)eine harmlose Gabe").

Hat man endlich sein ersehntes Bild im Kasten, ist ein erkennbares Dankeschön das absolute Minimum. Auch das Angebot einer Zigarette oder eines Getränkes kann sinnvoll sein. Händlern oder Handwerkern sollte man als Gegenleistung etwas abkaufen. Wird ein Abzug des Fotos als Gegenleistung gewünscht, indem dem Fotografen die Adresse gereicht wird, dann sollte man zu Hause diese Zusage keinesfalls vergessen.

Kriminelle Attraktionen

„Echte Eingeborene" sind begehrte Sehenswürdigkeiten! Dieses Bedürfnis wird auf seriöse Weise in
„lebenden Museen", etwa in den Schaudörfern der
südafrikanischen Zulus, befriedigt. Gegen Entgelt
kann man unbehelligt seine Ethno-Bilder schießen,
ohne sich des „Seelendiebstahls" schuldig zu machen. Solche **Folklore-Shows,** vergleichbar mit Ti-
roler Schuhplattlern oder dem erfolgreichen iri-
schen Riverdance, werden in der Regel von Profi-
Darstellern vorgeführt, die entsprechend entlohnt
werden. Lässt sich auch über die Echtheit dieser Kul-
turdarbietung streiten, so bieten sie für Einheimische jedenfalls Jobs und zudem die Chance, sich
mit der eigenen Kultur – mehr oder weniger – aus-
einander zu setzen.

Erzwungene Dienstleistungen

Der Spaß hört dort auf, wo Menschen gegen ihren
Willen zu „touristischen Dienstleistungen" gezwungen werden. So wurden „Giraffen-Frauen" der Pa-
daung, bei denen ausgewählten Mädchen von
Kindheit an der Hals mit Schmuckringen verlängert
wird, in Burma gekidnappt und Monate lang in Thailand als Fotoattraktion „ausgestellt". Besucher solcher „Attraktionen" machen sich der Beteiligung
am Verbrechen der Sklaverei schuldig; mit ihrem
Eintrittsgeld bestätigen sie die Täter in ihrem Tun
und stimulieren zudem die Nachfrage nach weite-
ren Opfern.

Sexueller Missbrauch von Kindern

Eines der schlimmsten Verbrechen durch Touristen
ist der sexuelle Missbrauch von Kindern. Die Angst
vor AIDS sowie die geringen „Anschaffungskosten"

lassen den Bedarf an „unberührten" Kindern boomen. Jährlich werden weltweit eine Millionen Kinder dieser Urlauberperversion zugeführt. Dass es sich hierbei um ein Verbrechen handelt, wird durch die Bereitstellung einer entsprechenden Prostitutions-Infrastruktur – Hotels, Bars, Animation – verschleiert. Dahinter steckt das ökonomische Interesse der jeweiligen Organisatoren, gedeckt durch bestochene Verwaltungsbeamte. Die Folgen für die Opfer sind fatal: körperliche und seelische Zerstörung, soziale Isolation, Folter durch Freier und Bordellbetreiber. Zudem ist die Verbreitung von Geschlechtskrankheiten und Infektionen extrem hoch, da die Abneigung gegen Kondome im Sextourismus stark verbreitet ist. Die jungen Opfer sind kaum in der Lage, ihre körperlich und finanziell überlegenen „Kunden" zur Kondombenutzung zu bewegen. Darum sind ein Drittel aller

 Nicht wegsehen!

Wer Fälle von touristischer Sklaverei oder Kindesmissbrauch bemerkt, sollte dies unbedingt der Polizei, den Medien oder einer Menschenrechtsorganisation mitteilen! Wer einfach wegsieht, macht sich mitschuldig. Das Opfer könnte das Kind einer Reisebekanntschaft sein!

Kinderprostituierten in Thailand HIV-positiv. Auch die Täter büßen für ihre Verbrechen: So hat sich zum Beispiel ein Viertel aller heterosexuellen, HIV-infizierten Schweizer auf Reisen angesteckt.

Kinderprostitution ist ein komplexes, doch stets mit Armut verbundenes Problem. Nur eine Minderheit prostituiert sich „freiwillig", um ihr Überleben zu sichern oder ihren Drogenkonsum zu finanzieren. Die Mehrheit der kommerziell ausgebeuteten Kinder wurde von ihren mittellosen Familien zur eigenen Überlebenssicherung verkauft, durch Kinderhändler verschleppt oder von Bordellbesitzern regelrecht versklavt.

In Deutschland werden kommerziellen Anbietern von Sex mit Kindern hohe Haft- und Geldstrafen angedroht. Seit 1993 können Bundesbürger, die im Ausland Kinder sexuell missbraucht haben, auch in Deutschland vor Gericht gestellt werden, was bislang jedoch erst in wenigen Fällen geschehen ist.

Der Deutsche und der Österreichische Reisebüro und Reiseveranstalter Verband (DRV und ÖRV) haben sich im Jahr 2000 dem Verhaltenskodex gegen Kinderprostitution unterworfen. Demnach sollen künftig die Angebote von Reiseunternehmen entsprechend gekennzeichnet werden.

Trotz solcher Maßnahmen wird Sextourismus immer noch per Pauschalarrangements abgewickelt. Somit profitieren angesehene internationale Veranstalter und Luftfahrtslinien gleichermaßen von dieser kriminellen Nachfrage wie kleine lokale Agenturen. Derartige „sexuelle Dienstleistungen" sind oft die einzigen Attraktion in einem Urlaubsressort: Kindersextourismus ist ein „Bigbusiness".

Jeder einzelne Urlauber kann den Kampf gegen sexuellen Missbrauch von Kindern unterstützen. So sollte man nur in Reisebüros, bei Reiseveranstaltern und in Hotels buchen, die sich ausdrücklich dem Verhaltenskodex gegen Kinderprostitution unterworfen haben und demgemäß auch Informationsmaterial für Reisende bereitstellen. Dies können Tipps in Katalogen, Broschüren oder auf Tickets sein, an wen sich der Reisende mit Hinweisen wenden kann. Mag die Umsetzung der Selbstverpflichtung durch den Kodex auch schleppend vorangehen, durch die gezielte Nachfrage seitens der Kunden wird die Bedeutung der Problematik unterstrichen.

Weitere Informationen zu beziehen oder Meldungen zu erstatten sind unter folgenden Adressen:

- *Polizeiliche Kriminalprävention der Länder und des Bundes, Taubenheimstraße 85, D-70372 Stuttgart, Tel. (0711) 54 01 20 62, Fax (0711) 2 26 80 00, E-Mail: zgs@polizei.propk.de, Internet: www.polizei.propk.de*
- *Deutscher Reisebüro und Reiseveranstalter Verband e.V., Albrechtstraße 10, D-10117 Berlin, Tel. (030) 2 84 06 18, Fax (030) 2 84 06 33, E-Mail: info@drv.de, Internet: www.drv.de*
- *ECPAT Deutschland, Postfach 5328, 79020 Freiburg, Tel. (0761) 7 07 51 24, Fax (0761) 7 07 51 23, E-Mail: info@ecpat.de, Internet: www.ecpat.de*

 Wer am Urlaubsort bemerkt, dass ein Feriengast eindeutige Handlungen an einem einheimischen Kind vornehmen möchte, sollte dies unverzüglich dem Hotel, dem Reiseleiter, der Touristenpolizei oder der nächsten Landesvertretung (Botschaft, Konsulat) melden.

 Neben der raschen Beweissicherung im Ausland sind Mitteilungen an die Behörden daheim wichtig, um Kindersex-Tätern nachhaltig das Handwerk zu legen. Darum sollten die Beobachtungen unbedingt auch bei der nächstgelegenen Polizeidienststelle im Heimatland mitgeteilt werden.

Delikate Themen

Über Gott und die Welt zu palavern ist eine Kunst, die weltweit gerne gepflegt wird. Umso schöner ist es, wenn man als Fremder von neuen Bekanntschaften in angeregte Gespräche eingebunden wird. Trotz des Zaubers der Spontaneität ist hier eine gewisse Sorgfalt bei der Entscheidung angebracht, zu welcher Frage man welche Meinung bedenkenlos äußern darf. Vertritt man etwa einen Standpunkt, der dem Gesprächspartner völlig abwegig erscheint, so droht man seine Gefühle zu verletzen und die Chance dieser Begegnung zu vertun. Solche delikaten Themen entstammen den drei Kernbereichen Politik, Religion und Sexualität.

Polititische Themen

In vielen Ländern herrschen immer noch Meinungsverbot und Spitzelei. Dort brächte man sowohl sich selbst als auch den Gesprächspartner in ernsthafte Gefahr, würde man lauthals eine abfällige politische Meinung äußern. Sollten hier die falschen Ohren mitlauschen, kann man seinen naiven Beitrag zur Meinungsfreiheit im Gefängnis beenden.

Religiöse Themen

Vor allem in islamischen Ländern werden Fremde gerne nach ihren religiösen Ansichten befragt. Da der Koran Jesus Christus als Propheten und die Christen als gleichwertige Brüder anerkennt, kann man sich uneingeschränkt als Christ deklarieren. Dagegen sind Missionierungsversuche an Moslems streng verboten. Auch die Existenz Gottes in Zweifel zu ziehen, stellt für einen überzeugten Moslem eine schwer wiegende Verletzung der religiösen Gefühle dar. Darum sollte man auf Reisen seine et-

Muslime reden gerne über Religion. Am besten widerspricht man nicht!

Begegnung

waige atheistische Überzeugung für sich behalten. Wird man mit der Frage nach Allah konfrontiert, so hilft einem beispielsweise folgende Antwort elegant aus der Klemme: „Dieses wunderbare Land mit seinen freundlichen Menschen ist der beste Beweis für die Existenz Allahs." Damit wird man sich garantiert keine Feinde schaffen!

Sexuelle Themen

Jede Kultur hat ihre eigenen Aufklärungsmethoden, die zumeist in einem religiösen Zusammenhang stehen. Tabus sind gerade im Bereich der Sexualität sehr verbreitet. Darum sollten solche Themen höchstens im vertrauten Kreise und äußerst zurückhaltend berührt werden.

Am besten belässt man die Themenwahl dem Gastgeber, doch kann man umso eher verfängliche Fragen wagen, je besser man seinen Gesprächspartner kennt. In jedem Fall sollte man es unterlassen, grundsätzliche Überzeugungen zu verkünden, denn schließlich ist man gekommen, um zu lernen und nicht um zu belehren. Die eigene Weisheit setzt man verdienstvoller zu Hause ein.

▶ *Jeder „weiß" ja,*
dass im Westen die
Dollars blühen!

Illusion „Goldener Westen"

Während die meisten Menschen der Dritten Welt
gerade genug zum Leben haben, pflegen Europäer
generell genussorientierte Konsumgewohnheiten.
Im Urlaub aber leistet man sich erst recht einigen
Luxus. Da werden in aller Öffentlichkeit teure
Leckereien verspeist und der Reichtum unbe-
schwert zur Schau gestellt, ohne offensichtlich dafür
arbeiten zu müssen. Der Bevölkerung wird der Eindruck vom süßen Nichtstun und des grenzenlosen
Konsums der Europäer vermittelt. Dadurch scheinen Touristen als lebende Beweise für das hartnäckige Gerücht vom „Goldenen Westen", das mittels Medien und importierter Konsumprodukte
über Industriestaaten verbreitet wird. Genau darum
versuchen Tausende Menschen, ihrer als elend ver-

mittelten Welt zu entfliehen und einen Weg ins „Paradies Europa" zu finden. Genau hier wurzeln so gravierende Probleme wie Flüchtlingstragödien, Menschenhandel und Ausländerhass.

Zum einen ist es völlig natürlich, dass auch Menschen im Süden ihre Träume von einem besseren Leben haben und sich danach sehnen, einmal anderswohin zu gelangen, wie es auch die Touristen tun. Während aber Touristen meist nur der Sonnenseite ihres Traumlandes begegnen, endet für die Menschen aus der Dritten Welt die Suche nach dem Paradies im schlechtesten Winkel Europas. Nicht Sonne, Freundlichkeit und Konsum, sondern Kälte, Ablehnung und Arbeitsverbot empfängt die Arbeitssuchenden aus dem Süden. Zumeist konnten sie nur mühsam die Mittel für die Überfahrt oder den Schlepper auftreiben und stecken nun tief in Schulden. Die meisten können gar nicht zurück, weil sie, ohne den angekündigten wirtschaftlichen und gesellschaftlichen Erfolg erreicht zu haben, zu Hause als Versager ihr Gesicht verlieren würden. Viele ausländische Existenzen in Europa vegetieren darum als die Reste gescheiterter Träume.

Wird man als Reisender in Gesprächen mit unrealistischen und verklärenden Bildern über den Westen konfrontiert, sollte man diese überzeugend korrigieren. Ob Umweltprobleme, Ausländerhass oder Arbeitslosigkeit, ob sozialer Zerfall, Verarmung und organisierte Kriminalität. Europa hat zahlreiche Schattenseiten, von denen die Menschen in der Dritten Welt nichts wissen. Dadurch leistet man nicht nur einen Beitrag zur Verhinderung tragischer Enttäuschungen, sondern bestärkt auch die betreffenden Menschen im Stolz auf ihre eigene Kultur.

Auswandern ins Paradies

Dem Traum von einer besseren Welt gehen auch Europäer auf den Leim: Die Quote der deutschen Australien-Auswanderer, die binnen fünf Jahren enttäuscht wieder heimkehrten, liegt bei 20 %.

Begegnung

Sex unterwegs

Urlaub bedeutet für viele Entspannung, Ausgelassenheit und Lebensgenuss. In dieser lockeren Atmosphäre kann sich schon einmal eine „heiße" Begegnung ergeben. Sex im Urlaub mit einer einheimischen erwachsenen Person ist keinesfalls generell als Ausbeutung zu verurteilen. Sexualität und besonders Prostitution wird in den verschiedenen Kulturen völlig unterschiedlich bewertet. Manches, was in westlichen Augen als Prostitution verdammt wird, gilt andernorts als eine sexualisierte Form des kommerziellen Austauschs oder gar als spezielle Auffassung von Gastfreundschaft.

Ist jeder Sextourismus böse?

Der Kampf gegen Zwangsprostitution kann kaum Erfolge vorweisen, wofür auch der emotionalisierte Umgang der Gesellschaft mit dem Prostitutionsthema verantwortlich ist. So gilt etwa in Österreich käufliche Liebe immer noch als unmoralische Tätigkeit, deren Bezahlung nicht einklagbar ist. Prostituierte bezahlen zwar Steuern, haben aber keinen Anspruch auf Sozialversicherung. Die undifferenzierte Gleichsetzung der Verbrechen des Kindesmissbrauchs und des Frauenhandels mit freiwilliger Prostitution sowie die z. B. unter thailändischen Behörden oder manchen europäischen Tourismuskritikern verbreitete pauschale Schuldzuweisung an den Tourismus ist für die Bekämpfung des sexuellen Missbrauchs eher kontraproduktiv. So war Prostitution in Thailand schon lange vor der Stationierung der US-Soldaten und dem Touristen-Boom in der Gesellschaft institutionalisiert. Auch heute stellen Sextouristen nur 5 % des gesamten Sex-Klientels. Zudem fand die US-Soziologin Cleo Odzer heraus, dass viele Frauen aus armen ländlichen Regionen den Prostitutionsberuf als Weg zu mehr Unabhängigkeit, zu Macht über Männer und zum Ansehen als Familienversorger wählen. Ihr solcherart empfundener „Job" gewährt ihnen einen gewissen Luxus und ein freizügigeres Leben, wie es für „anständige" thailändische Frauen undenkbar wäre. Darum kehren auch viele Mädchen nach einem versuchten Ausstieg in einen normalen, aber schlecht bezahlten Beruf freiwillig und rasch wieder in ihr gewohntes Bordell-Milieu zurück.

Plakat in Bulgarien: Ist jeder Sextourismus böse?

Von thailändischen Behörden wurde wiederholt und lautstark der Sextourismus als moralische Bedrohung ihrer Gesellschaft pauschal verurteilt. Demnach seien die „perversen Fremden" verantwortlich für alle Verbrechen, die mit der Prostitution zusammenhängen, ob Frauenhandel oder Kindesmissbrauch. Zweifellos sind die Grenzen zwischen freiwilliger und erzwungener Prostitution fließend, weshalb die Thematik so delikat ist. Doch die einseitige Schuldzuweisung lenkt von zentralen Problemen ab:

1. Hinter dem Frauenhandel steht eine straffe Organisation, in die auch Regierungsbeamte aller Ebenen involviert sind, über deren Verantwortung zu sprechen tabu ist.

2. Durch das geforderte Verbot der freiwilligen Prostitution wird nur die Kriminalisierung der Prostituierten erreicht, wodurch die betroffenen Frauen, in die Illegalität gedrängt, von Zuhältern und Freiern leichter kontrolliert, unter Druck gesetzt und sexuell wie finanziell ausgebeutet werden können.

3. Vor allem wird von der eigentlichen Ursache der massenhaften Prostitution, dem Graben zwischen Arm und Reich, abgelenkt. Für die politische Führung ist es billiger, Sextourismus zu verdammen, anstatt die Armut zu bekämpfen, den Frauen rechtliche und soziale Sicherheit zu garantieren oder überhaupt anständig bezahlte Arbeitsmöglichkeiten in ihrem Land zu bieten.

Ob eine intime Beziehung während einer Reise vertretbar erscheint, hängt von den jeweiligen soziokulturellen Umständen ab.

 Absolut tabu sind alle Formen des sexuellen Kontaktes mit Personen mit eingeschränkter Willensfreiheit, also mit Kindern, Jugendlichen und Personen in einem Abhängigkeitsverhältnis. Ebenfalls unverantwortlich ist Sex mit Angehörigen von Kulturen, in denen extrem rigide Moralkodizes herrschen und wo Verstöße mit schweren Strafen geahndet werden.

Gegen Sex im Urlaub spricht auch das **hohe Risiko der Ansteckungsgefahr** und die damit verbundene Verantwortung gegenüber nachfolgenden Sexualpartnern. In vielen Entwicklungsländern grassieren zahlreiche Geschlechtskrankheiten, die in Europa unbekannt sind. 95 % der weltweit über 40 Millionen AIDS-Kranken leben in der Dritten Welt, 60 % allein im subsaharischen Afrika. Sextouristen tragen auf Grund ihrer beträchtlichen sexuellen Aktivitäten bei häufigem Partnerwechsel und hoher Risikobereitschaft wesentlich zur Verbreitung von „Lustseuchen" bei. Nur 30 % der jährlich 300.000 deutschen Sextouristen benutzen konsequent Kondome. Im Falle Kubas führte der Tourismus-Boom zu einem 150 Mal häufigeren Auftreten von Tripper-Fällen. Absoluten Schutz gewährt da nur eine Methode: Enthaltsamkeit.

Sex kann töten
In manchen Ländern, wie beispielsweise in Saudi-Aarabien, werden Frauen für außerehelichen Sex sogar dann aus der Familie ausgestoßen oder getötet, wenn sie vergewaltigt wurden.

Wer sich dennoch auf eine intime Beziehung mit einem einheimischen Partner einlassen will, sollte sich über die möglichen **Erwartungen seines Gegenübers** und die damit verbundenen Konsequenzen klar werden. Neben jeder noch so großen Ver-

024rr Abb.: hf

◀ *Beziehungen zu weißen Frauen verbessern das soziale Prestige und die materielle Lage*

liebtheit wird eine solche Beziehung für Menschen in armen Ländern oft als eine Chance gesehen, nach Europa zu kommen. Zudem müssen sich besonders Frauen bewusst sein, dass zum Beispiel für viele Afrikaner Sex mit einer „Weißen" eine Prestigesache ist, weshalb eine solche Gelegenheit gerne wahrgenommen wird. Alleinreisende Frauen sind ein typisches Ziel für diese Absichten, weil unter Männern die Meinung vorherrscht, eine solche Frau müsse reich sein. Darum lohne es sich, mit dieser Frau Freundschaft zu schließen, sie in die Familie aufzunehmen und auf diese Weise von ihrem Geld zu profitieren. In vielen Kulturen ist es eine völlig normale Denkweise ohne böse Hintergedanken, den Heiratspartner nach ökonomischen Kriterien auszuwählen.

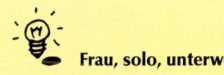

Frau, solo, unterwegs

Alleinreisende Frauen können sich gegenüber werbenden Männern der Notlüge bedienen, dass sie ihren Ehemann besuchen. Mit einem Ehering am Finger wirkt dies noch überzeugender.

025rr Abb. hf

Wer verdient an Touristen?

Goldesel Tourismus

Der Glaube an das wirtschaftliche Heil durch Tourismus hat fast alle Entwicklungsländer erfasst. Dahinter steckt die Hoffnung auf harte Devisen für die Regierung, auf zahlreiche Arbeitsplätze für die Bevölkerung, verbunden mit wachsendem Einkommen, Wohlstand und höherem Steueraufkommen. Die dadurch erwirkte soziale Stabilität würde Investoren zur Beschleunigung dieses Aufwärtstrends anlocken. Tourismus-Investitionen seien zudem auch billiger als Industrieanlagen und billige Arbeitskräfte gebe es genug, darum her mit den Urlaubern!

Droge Reise-Dollar

Hängt die nationale Wirtschaft nur vom Tourismus ab, so ist sie extrem krisenanfällig: Medienberichte über politische Spannungen können die Nachfrage über Nacht zum Erliegen bringen, was die Reaktionen auf die Terroranschläge auf die USA beweisen. Auch bei einer Rezession sparen Europäer zuerst bei Fernreisen.

Die Realität ist freilich weniger rosig. Wegen des hohen Kapitalaufwands für Infrastruktur und Ausbildung kosten in Tansania zum Beispiel Tourismus-Jobs drei Mal so viel wie Industriejobs. Von den Deviseneinnahmen verbleibt im Schnitt nur ein Drittel im Land, der Rest „versickert" wegen tourismusbedingter Ausgaben für Importe wieder im Ausland. Baumaterialien, Hotelausstattung, Verkehrsmittel und Treibstoffe, Luxusgüter, Gehälter für ausländisches Personal und Gewinntransfers an ausländische Investoren – all das belastet die Zahlungsbilanz. Mit den Steuereinnahmen werden die Sehenswürdigkeiten erhalten und die öffentliche Infrastruktur, wie Flughäfen oder die Wasserversorgung für Hotels, finanziert: Obwohl von den Einheimischen bezahlt, haben sie persönlich nichts davon!

Auch vom wachsenden Wohlstand durch Tourismus fällt für die breite Bevölkerung kaum etwas ab. So stiegen in der Dominikanischen Republik die Deviseneinnahmen seit 1980 um das Zehnfache,

Wer verdient ...?

während sich die Zahl der in Armut lebenden Menschen verdoppelte. Bigbusiness spielt sich weltweit fast nur zwischen Hotelkonzernen, Fluggesellschaften und Reiseveranstaltern ab. Der Rest geht meist leer aus.

▲ Mit Steuern bezahlt, für Touristen gebaut: Flughäfen und Straßen

Noch schlimmer als die ungerechte Verteilung der Tourismuseinnahmen ist die Abwälzung der Folgekosten auf die Bevölkerung in Form von Umweltlasten und Inflation: Spekulative Interessen der Investoren lassen die Grundstückspreise explodieren, Grundbesitz und eigener Wohnraum wird für die Allgemeinheit unerschwinglich. Die höhere Nachfrage nach Konsumprodukten treibt zudem die Lebensmittelpreise in die Höhe, wodurch der Gegenwert des Einkommens sinkt!

Auch das Arbeitsplatzwunder des Welthandels- und Tourismuskonzils WTTC ist ein Mythos. Angeblich entstehe weltweit pro Sekunde ein neuer Tourismus-Job. Von den Statistiken verschwiegen werden die Millionen Kleinunternehmer oder Bauern, die von Ressorts und Golfplätzen verdrängt werden.

Wirtschaftsmoloch Tourismus

Die Reisebranche unterliegt derselben brutalen Dynamik wie das internationale Wirtschaftssystem, das durch eine klare Zweiteilung geprägt ist: Im Zentrum stehen die westlich dominierten Investoren, die ihren Willen den am Rande stehenden Ländern des Südens aufzwingen. Dadurch wird die Kluft zwischen dem reichen „Norden" und dem überschuldeten „Süden" immer tiefer. Tatsächlich beschränkt sich die Globalisierung, jener beschleunigte Austausch von Waren, Dienstleistungen und Informationen, weitgehend auf das Dreieck Nordamerika – EU – Japan. Im Süden naschen nur die wenigen Reichen mit. Die wichtigsten Verfechter dieses Systems sind transnationale Konzerne, die gegenwärtig mit nur 3 % der weltweit Beschäftigten 30 % der Weltproduktion erwirtschaften. Um ihre Renditen und ihren Einfluss zu steigern, verschmelzen diese Mega-Unternehmen zu immer mächtigeren Gebilden. Die Giganten der Reisebranche verfügen über eigene Reisebüro- und Hotelketten, Fluglinien und sogar Bank- und Medienkonzerne. Dadurch können sie Preise diktieren, Besucherströme lenken und somit Staaten unter Druck setzen. Wenn ihnen die Steuerpolitik eines Landes nicht passt, sperren sie ihre dortigen Ressorts zu und investieren woanders!

In den Zielgebieten können neben dieser überragenden Konkurrenz nur lokale Großunternehmer mithalten. Daneben kämpfen abhängige Kleinbetriebe um ihr Überleben. Zweck dieses Systems ist Gewinnmaximierung durch zahlenmäßiges Tourismuswachstum – ohne Rücksicht auf die Bedürfnisse der betroffenen Gemeinden. Dieser düsteren Entwicklung versucht die internationale Politik der „nachhaltigen Tourismusentwicklung" beizukommen, wie sie z. B. durch die UNO und die Welttourismusorganisation (WTO) unterstützt wird. Demnach soll das Tourismuswachstum begrenzt und vor allem aber soll die betroffene Bevölkerung in den Entscheidungsprozess über touristische Großprojekte eingebunden und an deren wirtschaftlichen Nutzen beteiligt werden. Bislang konnte durch diese völkerrechtlichen Bemühungen nur wenig erreicht werden, weil die dominanten Interessen der mächtigen Tourismuskonzerne, vertreten durch das Welthandels- und Tourismuskonzil (WTTC), sowie die Politik der Welthandelsorganisation in eine andere Richtung weisen: Nicht Begrenzung, Beteiligung und Regelung, sondern der Abbau von Handels- und Investitionshemmnissen wird gefordert, damit Tourismusinvestitionen mehr Gewinn versprechen und dadurch attraktiver werden. Unter diesen Bedingungen könnten bis 2007 weltweit mehr als 120 Millionen neue Tourismus-Jobs entstehen, verspricht das WTTC. Was dabei verschwiegen wird, sind die Kosten dieses Wachstums der Konzern-Investitionen, nämlich der Abbau an sozialen und ökologischen Standards in den Urlaubsländern. Denn auch Mindestlöhne, das Verbot von Kinderarbeit oder die Vorschreibung einer Abwasser-Aufbereitung sind „Handelshemmnisse" und schmälern die Rendite einer ausländischen Investition.

Weil aber die Entwicklungsländer wegen ihrer Schuldenlast dringend Devisen-einnahmen und Investitionen brauchen, öffnen sie ihre Märkte den Reisekonzernen. Dadurch geraten diese Länder in einen Teufelskreis der fremdgesteuerten Tourismusentwicklung. Will nun ein Land strengere Sozialgesetze erlassen, so wird der Investor in ein billigeres Land abwandern, wenn dann die Rendite nicht mehr stimmt.

Dieser Situation sind die meisten Entwicklungsländer ausgesetzt, weil sie alle unter hohen Schulden und einem hohen Bedarf an Investitionskapital leiden. Je mehr Länder aber mit gleichartigen Tourismusprodukten - etwa All-inclusive-Anlagen - zueinander in Wettbewerb treten, desto mehr steigt der Druck auf die Preise. Um auch weiterhin für Touristen attraktiv zu sein, müssen die Preise gesenkt werden. Das ist abermals nur über Kosteneinsparungen möglich: Das bedeutet weniger Löhne und Umweltinvestitionen. Kommt es dann zu sozialen Spannungen, wie dies z. B. 1995 in Gestalt von Terrorakten gegen Touristen in Oberägypten geschah, dann bricht der gesamte Tourismus des Landes zusammen, während die Reiseströme einfach in andere Länder fließen.

◀ Von den Tourismuseinnahmen verbleibt der kleinste Teil im Land

In vielen Hotelanlagen gibt es für Einheimische nur wenige neue Jobs, die zudem schlecht bezahlt, saisonal begrenzt und ohne arbeitsrechtliche Sicherheit sind. Die gut dotierten Kaderstellen werden überwiegend von Ausländern besetzt. Um die Lohnkosten noch tiefer drücken zu können, sind weltweit über 15 Millionen Kinder und Jugendliche im Tourismus angestellt. Sie akzeptieren weniger Lohn als Erwachsene. 10 Euro verdient ein Junge in Indien für einen Monat ganztägige Küchenarbeit.

Grundsätzlich ist der ökonomische Nutzen durch Tourismus für die Bevölkerung umso geringer und sind die Nachteile umso größer, je mehr auswärtige Investoren schnell, im großen Maßstab und mit hohen Qualitätsansprüchen eine landwirtschaftlich geprägte Region erschließen. Die Alternative dazu wäre eine langfristig tragfähige Tourismusentwicklung, die

- lokale Arbeitsplätze schafft, anstatt sie einfach zu ersetzen,
- regionale Unternehmen stimuliert, anstatt sie auszugrenzen,
- die Solidarität der Urlaubsgemeinde fördert, anstatt soziale Konflikte zu stiften,
- die Schönheit und Vielfalt der natürlichen Umwelt schützt und
- zum individuellen und allgemeinen Wohlstand beiträgt.

Ob nun eine Region nur als Urlaubskulisse benutzt oder als Gastland anerkannt und gefördert wird, kann man als Reisender durch seine Konsum-Entscheidung wesentlich beeinflussen, denn nur wer heimische Produkte und Dienstleistungen in Anspruch nimmt, trägt zum Erhalt einer eigenständigen Wirtschaft und damit zur friedlichen Entwicklung eines Landes bei.

028er Abb.: hf

Wie man sich bettet ...

Mit der Wahl seiner Unterkunft hat der Reisende eine entscheidende Möglichkeit, die regionale Wirtschaft zu stärken, anstatt westliche Konzerne zu fördern. Das beginnt schon bei Äußerlichkeiten: Für aufwändige Glaspaläste muss Baumaterial für teure Devisen importiert werden. Einfache **Hotels aus örtlichen Materialien** fördern hingegen die lokale Bauwirtschaft und fügen sich zudem harmonischer ins Ortsbild ein.

Im Hinblick auf lokale Arbeitsplätze ist besonders wichtig, wer durch das Hotel profitiert: Gehört es Einheimischen? Arbeiten Landsleute im Service? Wird überwiegend regionale Küche angeboten? Und werden dazu weitgehend lokale anstelle von importierten Produkten verwendet?

▲ *1001 Nacht hoch über der Altstadt von Sana'a: Das wenige Geld für ein einfaches Zimmer unterstützt auch die Erhaltung des Weltkulturerbes*

75

Wer sein Hotel bucht, hat Anspruch auf Informationen über dessen Lage, Aussehen, Ausstattung, Service und Küche. Stimmen die Angaben dann nicht mit der Realität überein, hat man Anspruch auf Schadenersatz. Darum sollte es auch zum Standard werden, vom Vertragspartner – ob Reisebüro, Reiseveranstalter oder Hotel vor Ort – über die Sozialverträglichkeit der Unterkunft aufgeklärt zu werden. Auch zur eigenen Sicherheit sollte man auf diese Auskünfte bestehen: Ein Ressort, von dem überwiegend ein anonymer Konzern profitiert, wird eher Ziel eines kriminellen oder gar terroristischen Anschlags werden als ein einheimisches Hotel.

Gleiches gilt auch für die **Umweltverträglichkeit** von Unterkünften: Hotels, die mit Wasser und Energie verschwenderisch umgehen und die über keine Abwasser-Aufbereitung und artgerechte Müllbeseitigung verfügen, ruinieren langfristig die lokale Umwelt und gefährden sogar die Gesundheit der Urlaubsgäste, die im verunreinigten Meer baden müssen. Gegen einen verantwortungsbewussten Wasserverbrauch spricht u. a. auch ein Hotelpool in einer trockenen Gegend.

▼ Kulturelle Globalisierung im Kleinen

029r Abb.· hf

Durch hartnäckige Fragen nach dem Hotel-Umweltmanagement zwingt man den Veranstalter, Farbe zu bekennen, fördert dadurch einen besseren Informationsservice im Tourismus – und kann im Urlaub umweltfreundlich und gesund entspannen. Spezielle Öko-Tipps für den Hotelgast gibt es zudem in dem Kapitel „Geringer Ressourcenverbrauch – die effiziente Umweltschonung".

Verpflegung –
reisen mit dem Gaumen

Jedes Land hat seine eigene, spezifische Küche, die Teil seiner Kultur ist. Zudem ist sie meist auch viel schmackhafter als die internationale Hotelküche, deren Ingredienzen weitgehend importiert werden müssen. Weil die **heimische Küche** auch lokale Grundnahrungsmittel verwertet, profitieren davon die umliegenden Bauern. Bei der Wahl eines Restaurants orientiert man sich am besten an Einheimischen: Sie wissen, wo die Küche zu durchschnittlichen Preisen am besten und der Service lokalen Erwartungen angepasst ist. Hier kann man neben der heimischen Gastronomie auch lebendige, bunte Esskultur miterleben, anstatt im sterilen Touristenghetto den geräucherten Lachs aus Norwegen zu speisen.

 Infektionsgefahr verringern

Die Infektionsgefahr durch Nahrungsaufnahme steigt mit der Dichte der Besiedlung. Eher erkrankt man nach einem Hotelbüfett als nach einem Nomadenmahl oder an den Produkten von Landmärkten. Landbewohner verfolgen noch eher die religiösen Sauberkeitsregeln.
Hält man sich zudem an die alte Grundregeln „Koch' es, schäl' es, oder vergiss es!", so bleibt man in der Regel vor bösen Überraschungen verschont, kann das Land mit allen fünf Sinnen genießen.

Auch bei der Wahl der **Getränke** sollte man heimische Marken bevorzugen, um die lokale Wirtschaft zu unterstützen. Importierte Nobelmarken wie „Perrier"-Mineralwasser oder „Heineken"-Dosenbier verursachen weite, umweltbelastende Transporte und erlauben nur geringste Verdienstspannen. Heimische Produkte sind auch weit schmackhafter, wie beispielsweise der in Flaschen verkaufte, unwiderstehliche Kokosnektar in Thailand. Noch vorteilhafter, weil umweltfreundlicher, sind freilich frisch produzierte Getränke, an denen der „Barkeeper" und die Bauern verdienen. Berühmt sind die frisch gepressten Mandarinen- und Orangensäfte in Marrakesch oder

▶ *Lokales Obst ist ein billiger und köstlicher Durstlöscher*

030rr Abb.: hf

die Mango-Papaya-Milchshakes im Jemen. Landesübliche Getränke schonen nicht nur die Brieftasche, sondern auch die Gesundheit: Während Tee, in diversen Variationen weltweit getrunken, Erschöpfung und Durst lindern kann, drohen beim Genuss eisgekühlter Getränke böse Magenverstimmungen.

Gesundheit und Ernährung ist ein Thema für sich. Viele Reisekrankheiten sind körperliche Panikreaktionen aus Angst vor einer Infektionen. Eine mentale Stabilität macht den Körper widerstandsfähiger als Übervorsichtigkeit, denn totale Sicherheit ist unmöglich. Freilich bedarf es eines vernünftigen Maßes an Vorsicht, wozu auch rechtzeitige Impfungen zählen. Zudem braucht der Organismus Zeit, um sich an das fremde Klima, die neuartige Kost und die lokalen Bakterien zu gewöhnen.

Trinkgeld – die bare Anerkennung

In vielen Ländern stellt Trinkgeld an Stelle eines Gehalts die eigentliche Einkommensquelle für Dienstleistungen dar. Diese weite Verbreitung der Trinkgeld-Kultur ist eine Folge des Tourismusbooms sowie der Globalisierung der Geldwirtschaft. War etwa in Kuba Ende der 80er-Jahre das „Tipping" aus ideologischen Gründen noch verpönt, so ist es mittlerweile für viele Menschen zur Lebensgrundlage geworden. Oft entspricht der Monatslohn eines Zimmermädchens, Kofferträgers oder Kellners im Hotel nicht einmal den Kosten einer einzigen Übernachtung. Darum kann man in touristisch gut erschlossenen Regionen davon ausgehen, dass Trinkgeld erwartet – und auch benötigt – wird.

Das beliebte Argument, Trinkgeld korrumpiere die Arbeitsmoral, ist insofern falsch, als in einer Geldwirtschaft jede Form von Leistung und Qualität in Geld bewertet wird. Dies gilt erst recht im Tourismus. Darum gilt als Faustregel: Guter Service wird belohnt, schlechter nicht. Allerdings sollte man auch bei guten Leistungen die Großzügigkeit nicht übertreiben, um nicht falsche Erwartungen zu schüren und eine Trinkgeld-Inflation anzuheizen. In Restaurants sind Trinkgelder von 5–10 % der Rechnung üblich. Bei Kofferträgern und Dienstmädchen kann man sich als Richtwert an den lokalen Preisen eines Softdrinks orientieren. Bei schlechten Leistungen sollte man freundlich, keinesfalls aber überheblich begründen, warum man mit dem Service nicht zufrieden war und darum nichts geben will.

Kleingeld-Nöte

Aus Mangel an Münzen kein Trinkgeld geben zu können ist peinlich, weil man als kleinlicher Geizkragen erscheint. Darum gleich in der Wechselstube hinter dem Zoll genug Kleingeld besorgen!

Wer verdient ...?

Auf mehrtägigen Rundreisen sollte man einen höheren **Betrag für Reiseleiter und Fahrer** miteinkalkulieren. Bei Allradtouren gehören die Fahrzeuge zumeist den jeweiligen Chauffeuren, die von der Reiseagentur eine knapp kalkulierte Tagespauschale für die regulären Betriebskosten und den Arbeitsaufwand erhalten. Das Risiko für unerwartete Kosten, wie für geplatzte Reifen, trägt häufig der Fahrer selbst. War er zuverlässig und freundlich, sollte auch sein Risiko honoriert werden. Als Richtwert empfehlen sich zwischen 1-3 Euro pro Tag.

Völlig anders ist die Situation **abseits der Touristenrouten.** Hier bedarf es eines gewissen Fingerspitzengefühls, weil zuweilen besondere rituelle Gründe oder örtliche Höflichkeitsregeln kleine Geldgaben nahe legen. Am besten orientiert man sich an den Einheimischen. Sollten die am Tisch der Herberge beiläufig liegen gelassenen Münzen tatsächlich unerwünscht sein, so wird sich der Betroffene meist dazu äußern. Das ergibt eine schöne Gelegenheit, um ins Gespräch zu kommen.

Geschenk statt Trinkgeld?
Bei sehr beliebten Reiseleitern schrecken Reisegruppen manchmal vor dem „unpersönlichen" Trinkgeld zurück. Doch von netten Geschenken und von Sympathie allein kann er nicht leben. Kommt seine Freundlichkeit und sein Einsatz auch von Herzen, so bleibt sie dennoch Ausdruck seines Berufs und verdient deshalb finanzielle Anerkennung!

031rr Abb.: hf

▶ *Besonderem Einsatz gebührt auch finanzielle Anerkennung*

Einkauf – die Kultur des Handelns

Während man im westlichen Kulturkreis an Fixpreise gewöhnt ist, ist in vielen südlichen Ländern das Handeln als ein wesentlicher Bestandteil des Kaufaktes. Die **Geschäftsanbahnung** wird als eine Form der Begegnung und des Austausches verstanden, wie es in den Zeiten des Karawanenhandels üblich und nötig war. In Bazars gehört zum Ritual der Geschäftsverhandlungen auch ein Glas Tee, was jedoch zu keinerlei Geschäftsabschluss verpflichtet.

Mit dem **Feilschen** tun sich viele Touristen schwer, ob aus Scham oder aus dem Gefühl, dass die Preise vergleichsweise ohnedies sehr niedrig sind. Aus Unkenntnis und Verlegenheit wird dann der erstgenannte, bewusst überhöhte, eher symbolisch gedachte Preis akzeptiert. Auf diese Weise ist man zwar ein gern gesehener Kunde, wird jedoch vom Verkäufer als naiv verachtet.

Wer die Kultur des Handelns ablehnt, verweigert dem Händler die Anerkennung als gleichwertigen Gesprächspartner. Problematischer sind darüber hinaus die Folgewirkungen: Langfristig wird das allgemeine Preisniveau in die Höhe getrieben, wodurch der regionale Markt ruiniert, die Inflation beschleunigt und damit die lokale Bevölkerung zusätzlich belastet wird. Das dient vielleicht der ohnehin gut situierten Händlerschicht, schadet insgesamt aber der Region.

Freilich bedarf es für das **richtige Maß der Handelsspanne** eines gewissen Instinkts. Als Einstieg kann man zum Beispiel 25 % des erstgenannten Preises bieten. Bazar-Händler sind Vollprofis, die ihren (Heim-)Vorteil zu wahren wissen. Sie kennen die Preisgrenze am besten. Doch bleibt man geduldig, kann man durchaus beträchtliche Preisnachlässe erreichen.

Kommt man beim Verhandeln über ein teures Stück vorerst zu keinem Einvernehmen, ist mancherorts auch eine **Vertagung** möglich. Auch wer sich seiner Sache nicht sicher ist, sollte besser am nächsten Tag den Handel mit fixen Preisvorstellungen fortsetzen. Das muss der Händler akzeptieren. Man darf von ihm genauso jene Höflichkeit und Geduld verlangen, die man selbst aufzubringen hat. Gesunde Selbstsicherheit ist dabei sehr hilfreich.

> [!] Ist beim Handel auch jedes Argument und jedes Theater erlaubt, so ist doch eines tabu: Wer sich ohne wirkliche Kaufabsicht auf eine Verhandlung einlässt, indem er einen Preis nennt und schließlich sein letztes, vom Händler bereits akzeptiertes Angebot zurückzieht, begeht eine schwere Beleidigung!

Anders liegt das Problem, wenn man sich den zuweilen **aufdringlichen Verkaufstechniken** der Händler entziehen möchte. Will man keinesfalls etwas kaufen, so empfiehlt es sich mit abgewendetem Blick raschen Schrittes an den Waren vorüberzugehen und die Angebote zu ignorieren. Interessiert man sich jedoch für die Ware und findet kein geeignetes Stück, lässt man entweder das Erstgebot unbeantwortet oder hält dem Händler einen lächerlich niedrigen Preis entgegen und beharrt darauf.

Es gibt Situationen, in denen auf den Einsatz des Handelsgeschicks verzichtet werden sollte. So sind etwa **fliegende Händler** auf jeden Groschen angewiesen. Ihre Waren und Dienstleistungen werden primär von Einheimischen in Anspruch genommen. Auch in Restaurants oder Sammeltaxis außerhalb von Flughäfen oder gehobenen Hotels wird nicht gefeilscht. Feste Preise bei Qualitätsgarantie für Souvenirs herrschen auch in staatlichen Kunsthandwerksläden.

Je besser man sich rechtzeitig über Preise von Lebensmitteln, über das Wohlstandsniveau, das Durchschnittseinkommen der Tagelöhner oder Beamten und über Handelssitten erkundigt, desto geringer ist das Risiko, jemanden ungewollt auszubeuten, selbst betrogen zu werden oder das Gesicht zu verlieren.

Unliebsame Überraschungen sind vermeidbar, indem man die Preise von typisch touristischen Dienstleistungen – Taxifahrten zu teuren Hotels oder Tarife der lokalen Fremdenführer – vorher aushandelt.

Hat man sich mit einem Führer auf den Preis geeinigt, so gilt der Kunde als **„Patron"** und ist somit auch für sämtliche Spesen des Reiseführers (Verpflegung, Unterkunft, Fahrgebühren etc.) verantwortlich.

▲ *Afro-Fastfood. Ein Brett, ein Topf über dem Feuer – fertig ist eine von Abertausenden Garküchen, an denen sich täglich Millionen Menschen für wenig Geld den Magen füllen. Hier gelten Fixpreise!*

Souvenirs, Souvenirs

Die touristische Suche nach Souvenirs entspricht einem tiefen menschlichen Bedürfnis, ähnlich dem Pilger, der eine Reliquie mitnehmen möchte. Auf Grund der enormen Nachfrage stellt der Souvenirmarkt einen bedeutenden Wirtschaftsfaktor dar.

Der Wunsch nach einzigartigen Stücken lässt besonders **Antiquitäten** in den Mittelpunkt der Souvenirjagd rücken. Allerdings gilt bei seltenen Gütern von ritueller, religiöser oder traditioneller Bedeutung oder bei Gegenständen, die Teil des kulturellen Erbes eines Landes sind, äußerste Zurückhaltung. Eine Nachfrage nach solchen Objekten kommt einer **Anstiftung zu kriminellen Tätigkeiten** gleich, weil mittellose Menschen zur Plünderung heiliger Stätten veranlasst werden. Wer gar eine Kopftrophäe erwirbt, macht sich der Anstiftung zum Mord schuldig, weil diese Nachfrage bereits befriedete Stämme zur Wiederaufnahme der Kopfjagd motiviert.

In vielen Länder herrschen strenge **Ausfuhrverbote** für Antiquitäten und Gegenstände von rituellem oder kunsthistorischem Wert. In der EU sind entsprechende **Einfuhren** mit hohen Strafen bedroht. Darum liegt es sogar in der Verantwortung jedes Mitglieds einer Reisegruppe, auf kauflustige Mitreisende einzuwirken und sie von einem verbotenem Erwerb abzubringen. Dies erspart auch der Gruppe weit reichende Probleme mit den Behörden und trägt zum Schutz des Kulturerbes bei.

Anders liegt der Fall bei **Gebrauchsgegenständen** des täglichen Bedarfs. Die touristische Suche nach „Echtem" führt dazu, dass Einheimische Teile ihres gebrauchten Familienbesitzes verkaufen, um ihr Einkommen aufzubessern. Dies ist meist bei Objekten unbedenklich, die ihre praktische und ideelle Funktion für den Besitzer verloren haben, während Geld zunehmend an Wert gewinnt. Mit dem gesellschaftlichen Wandel ändern die Menschen ihre Bedürfnisse und schöne Kleidung wird erstrebenswerter als zum Beispiel eine traditionelle Waffe. Kaufinteressierte sollten allerdings eine behutsame Preispolitik verfolgen, weil es für solche Güter zumeist noch keinen Markt und darum keine ausgewogenen, fairen Preise gibt. Das Handelsgeschick eines Nomaden oder Bauern reicht selten an das eines Touristen heran und außerdem werden solche Güter meist aus einer finanziellen Notsituation verkauft. Hier kann man sich beim Preis ruhig einmal „übertölpeln" lassen.

Ein absolutes Kaufverbot gilt für **Pflanzen oder Tiere,** die unter das Artenschutzabkommen fallen sowie für daraus verarbeitete Produkte. Der Kauf

033rr Abb.: hf

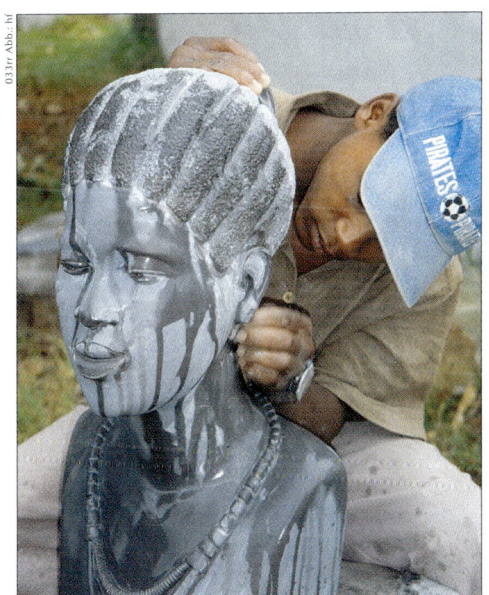

◀ *Durch den persönlichen Kontakt zum Künstler steigt die Wertschätzung für das Produkt.*

Schatzfunde

Wer aufmerksam durch menschenleere Natur- und Kulturräume wandert, kann faszinierende Schätze entdecken. So gibt der Wüstensand der Sahara immer wieder prähistorische Fundstücke frei. Darf man solche einzigartigen Souvenirs behalten?

Rechtlich gelten in den meisten Ländern für die Aneignung solcher Funde strenge Verbote. Praktisch aber mangelt es an Mitteln, solche Schätze zu erschließen und zu schützen. Meist sind die Verbote nicht einmal bekannt und auch lokale Agentur- und Hotelbetreiber statten sich gerne mit solchen Objekten aus. In den Reisegruppen wiederum entsteht ein regelrechter Wettbewerb um die schönsten Fundstücke, was lokale Reiseleiter zumeist mit amüsiertem Wohlwollen dulden, denn ihr Trinkgeld ist ihnen wichtiger als ein ihnen unverständliches Verbot.

Für die lokale Bevölkerung hatten solche „Steine" traditionell keinerlei Bedeutung. Erst durch das touristische Interesse gewinnen die Stücke an Verkaufswert und werden zu einer neuen Ressource. So wie bei den Bodenschätzen nur die Oberschicht eines Entwicklungslandes profitiert, hätte bei solchen Fundstücken die angrenzende Bevölkerung die Chance, von den entdeckten „Bodenschätzen" zu profitieren. Das trifft zumeist für Objekte wie Pfeilspitzen oder Keramikscherben von geringer Größe und in beschädigtem Zustand zu, die relativ häufig vorkommen. Solche Stücke sind kaum von wissenschaftlichem Wert.

Hier muss man eine Art Anspruchsrecht der angrenzenden Bevölkerung annehmen. Fundstücke sollten darum am Fundort liegen gelassen werden, doch lässt sich kaum etwas gegen den Kauf kleiner Gegenstände von Einheimischen sagen. Abzulehnen und auch riskant, weil verboten, ist der Kauf von offensichtlich wertvollen Stücken, die entsprechend groß, schön und ungewöhnlich sind. Denn als attraktives Exponat des örtlichen Museums gewinnt ein solches Objekt für die gesamte Region an wirtschaftlicher Bedeutung. Seine Entwendung, ob durch Fundunterschlagung oder Kauf, wäre eine Schädigung der regionalen Ressource Tourismus und somit der gesamten Bevölkerung.

Wer verdient ...?

◁ Saurierknochen oder unversehrte prähistorische Keramik sollten keinesfalls als Souvenir gekauft werden, es sei denn, man will es dem lokalen Museum spenden!

Airport-Art
*wurde ursprünglich
speziell für Flugrei-
sende produziert.
Sie musste hübsch,
handlich, leicht und
billig sein. Dem
entspricht authen-
tisches Kunsthand-
werk nur selten.*

von Leopardenfellen und Nashörnern fördert über die Wilderei die Ausrottung bedrohter Tierarten.

Die Nachfrage nach ↗Airport-Art verdrängt lokales, hochwertiges Kunsthandwerk durch minderwertige Qualität oder gar durch Importware aus Kunststoff. Langfristig führt dieser Prozess zur kulturellen und wirtschaftlichen Verarmung der Bevölkerung. Dagegen trägt der Kauf von **Handwerksprodukten** guter Qualität zur Schaffung von Arbeitsplätzen und zur künstlerischen Kreativität bei. Sind Frauen die Produzenten, dann stärkt ihr Einkommen auch die Rolle der Frau in der lokalen Gesellschaft und ihr persönliches Selbstwertgefühl. Nach Möglichkeit sollte direkt beim Erzeuger eingekauft werden, damit der Löwenanteil des Verkaufserlöses nicht bei Zwischenhändlern verbleibt. Dabei bekommt man zugleich Einblick in den Produktionsprozess.

Unterwegs –
dem Land auf der Spur

Will man vor Ort eine Tour buchen, so sollte man darauf achten, dass die Reiseagentur lokal betrieben wird und möglichst Personal aus der Region angestellt hat. Ein einheimischer Reiseleiter kennt Land und Leute am besten, weiß um die regionalen Gefahren, Sitten und Tabus und kann dank seiner Kontakte so manche Begegnung erleichtern. Veranstalter sind zu bevorzugen, die während einer Rundreise vorwiegend lokale Lebensmittel, nicht importierte Waren, für die Verpflegung verwenden, wodurch die Bauern mitprofitieren. Besonders empfehlenswert sind Anbieter von ↗Community Tourism, weil hierdurch die Wiederbelebung der traditionellen Kultur unterstützt und die örtliche Wirtschaft gefördert wird.

Eine wichtige Rolle spielt die **Art der Fortbewegung vor Ort.** Wiederum sollte man sich möglichst „sanfter" Verkehrsmittel bedienen, wodurch man die lokale Wirtschaft profitieren lässt und zudem die Chancen zur Begegnung mit dem bereisten Land genießt. Bei Rundtouren oder bei Transfers zu gewünschten Zielen kommt man freilich kaum ohne Bus oder Geländewagen aus. Will man allerdings ein Land intensiv und dennoch umweltfreundlich erleben, so empfiehlt es sich, bereits daheim eine Wander- oder Trekkingtour zu buchen. Dadurch bleibt das gesamte Geld in der Region, während für die motorisierte Fortbewegung dem Land kostbare Devisen für Fahrzeug, Treibstoff und Ersatzteile verloren gehen.

Community Tourism

Die beste Möglichkeit für die Bevölkerung, am Tourismus mitzunaschen: Im Tuareg-Dorf Timia im westafrikanischen Niger wohnt man bei Familien oder in einfachen Herbergen, konsumiert lokale Produkte und erlebt die Alltagskultur mit. Leider sind solche Insider-Tipps vor Ort sehr schwer zu finden, weshalb beispielsweise Tourism Concern (www.tourismconcern.org.uk) Angebote aus nahezu 50 Ländern auflistet.

Wer verdient ...?

Für Individualreisende bieten sich sich folgende Formen der sanften Mobilität vor Ort an:

- Die **Bahn** ist bei moderaten Preisen relativ flott und ermöglicht den Kontakt zur heimischen Bevölkerung. Ich selbst fand meine interessantesten Reisepartner zumeist im Zug. Wer es nicht ganz so abenteuerlich wünscht, kann, immer noch sehr günstig, mit erster Klasse fahren.
- **Busse,** ebenfalls sehr günstig, haben in der Dritten Welt oft unregelmäßige Abfahrtszeiten, technische Pannen und sind überfüllt. Im Benin saß ich mit 18 Personen in einem 11-Sitzer! Gelegentlich sind die Fahrer übermüdet oder wollen ihre Fahrkünste durch gewagte Manöver unter Beweis stellen. Mit viel Geduld, Humor und einem treuen Schutzengel werden solche Fahrten zum unvergesslichen Erlebnis.

Reisende als Kulturschänder?

Für traditionelle Gesellschaften sei der Kontakt mit Urlaubern der Anfang vom Ende, so die häufige Kritik an den soziokulturellen Tourismusfolgen: Die kamerabehängten Kapitalisten würden den Einheimischen Reichtum und Freiheit vorgaukeln und dadurch die traditionellen Werte untergraben. Solche Behauptungen von „Menschenschützern" beruhen auf der Annahme, dass die „rückständigen", von der Zivilisation „unberührten" Landesbewohner dem Tourismus brutal und schutzlos ausgesetzt seien. Dahinter steht das Bedürfnis von Edeltouristen wie Ethnologen oder Künstlern, die sich eine Art Musealisierung ländlicher Gesellschaften wünschen, als wäre die traditionelle Armut ein Garant für paradiesische Zustände. Wahr an dieser Kritik ist nur die dahinter stehende Angst vor dem Schwindel erregenden Tempo unserer Zivilisation.

03srr Abb: hf

Was tatsächlich passiert, ist die zunehmende Einbindung traditioneller Kulturen in das globale westliche System von Geld, Profitorientierung und Arbeitsteilung. Dadurch werden neue Kenntnisse wichtig, traditionelles Wissen und ihr Träger, die Alten, verlieren an Bedeutung. Neue Freiheiten und Sexualsitten werden populär, neue Konflikte entstehen.

Freilich ist ein aufgezwungener Wandel ein Verbrechen, aber eine Welt ohne Wandel ist eine Utopie. Jede Kultur unterliegt äußeren Einflüssen in Gestalt von Medien, rückkehrenden Arbeitsmigranten oder eben Touristen. Die dabei entwickelten Anpassungsstrategien reichen von gezielter, selbstbewusster

Anpassung an die touristischen Spielregeln und die Siche-
rung des eigenen Vorteils bis hin zu Belustigung oder offener
Ablehnung. Die tatsächliche Veränderungskraft des Tourismus hängt von unterschiedlichen kultur- und tourismusspezifischen Rahmenbedingungen ab: Je mehr Besucher pro
Besuchtem, je größer der kulturelle Unterschied, je kleiner
der besuchte Ort und je schneller die Tourismusentwicklung,
desto bedeutender sind die Folgen.

Trotzdem kann tourismusbedingter Wandel auch positive
Wirkungen hervorbringen: Das Interesse der Fremden kann
zur Belebung des traditionellen Kunsthandwerks und damit
zu mehr Selbstbewusstsein beitragen und zu Stolz auf die
eigene Kultur. Das ausgelöste Wirtschaftswachstum kann
über die Arbeitsplatzschaffung zur Umkehrung der Land-
flucht und zu sozialer Stabilität führen. Ob dies zutrifft,
hängt letztlich vom konkreten Verhalten jedes Reisenden ab.

Wer verdient …?

036rr Abb.: hf

◀ *Jugendliche
sind offener für
Neues und Wan-
del: Ein „züchti-
ges" Mädchen in
einer tunesischen
Oase am Tage …*

*…und in der
Nacht.*

▲ Die perfekte Reiseform: absolut öko- und sozialverträglich, entspannend und von unvergleichlichem Erlebniswert

- **Per Anhalter** zu reisen ist in der Dritten Welt wegen der geringen Autodichte kaum üblich, aber möglich. In sieben Wochen „stoppte" ich 7000 km von Tunis durch die Sahara nach Togo, was mit großartigen Begegnungen, aber auch langen Wartezeiten verbunden war. Hat man aber Glück, so sollte man als Revanche den Fahrer durch unaufdringliche Gespräche unterhalten und in Pausen zu Imbissen einladen.

- Das **Fahrrad** erlaubt bei geringsten Reisekosten den intensiven Kontakt zur Natur und zur einheimischen Bevölkerung, die zumeist die sportliche Leistung honoriert. Daneben ist das Freiheits- und Erlebnisgefühl enorm. Nachteilig sind jedoch dicht befahrene Straßen, auf denen Radfahrer als Freiwild betrachtet wird.

- Beim **Wandern,** das Gepäck im Rucksack, ist man nicht auf Straßen angewiesen und darum am flexibelsten. Dennoch kann man jederzeit auf öffentliche Verkehrsmittel umsteigen oder stoppen. Die Chancen zu Begegnungen sind geradezu ideal und nur durch eins zu übertreffen:
- **Örtliche Reittiere,** ob Kamel, Yak oder Pferd, sind der perfekte Brückenschlag zur regionalen Bevölkerung, die für ihre Führerdienste und durch Mietgebühren unmittelbar verdienen. Auch zu „seinem" Tier, das einen vom Gepäck und vom ermüdenden Fußmarsch befreit, entwickelt man eine eigene Beziehung.
- Sollte man dringend ein privates Fahrzeug benötigen, so empfiehlt sich, ein **Taxi** stunden- oder tageweise anzuheuern. Damit wird der Arbeitsplatz des Fahrers, der oft auch als ortskundiger Führer dienen kann, gesichert.

Die verkehrsbedingte Luftverschmutzung in den Megastädten ist katastrophal, die giftigen Autoschlangen sind lebensgefährlich. Darum sollte auf **Individualverkehr** möglichst verzichtet werden. Am Mietauto verdienen meist nur Konzerne wie Hertz und Mercedes.

Leider werden die Fahrzeuge oft im Stand laufengelassen, um die Klimaanlage zu nutzen. Darum kann man auch als Beifahrer zur Schonung der Umwelt beitragen, indem man während der Pausen den Fahrer behutsam zum Abstellen des Motors bewegt. Dass dadurch der Motor geschont und Sprit gespart wird, ist zwar richtig, könnte aber als Bevormundung missverstanden werden. Am besten überzeugt zumeist die Bitte, den Rastplatz vor Lärm und Abgasen zu verschonen.

Wer verdient ...?

▶ *Das wenige Brot wird geteilt*

Helfen – aber richtig

Helfen

Almosen –
(k)eine harmlose Gabe

In keiner Kultur ist es üblich, ein Geschenk ohne besonderen Anlass zu machen. Gaben sind immer mit einer bestimmten Funktion verknüpft. Sie dienen zum Beispiel der Stärkung der Familiensolidarität. Wer darum im Urlaub eine unbedachte Hilfe gibt, vermittelt eher die materielle Überlegenheit des „gütigen Weißen" anstatt die Anerkennung des Beschenkten als gleichwertigen Partner. Dass Touristen **leichtfertig Geschenke** verteilen, lernen Kinder und Erwachsene rasch zu instrumentalisieren: Der Tourist wird zur Melkkuh, die es zu nutzen gilt. Die von Horden bettelnder Kinder umschwärmten Fremden sind ein globales Phänomen, das durch allzu großzügige Reisende verursacht wurde. Die Belästigung der Touristen ist dabei noch das harmloseste Problem. Viel dramatischer sind die Folgen für die Kinder selbst.

Kinder-Bettelei

Not macht erfinderisch: Damit ein bettelndes Kind bei Passanten Mitleid erweckt und höhere Einnahmen erzielt, ist es zum Beispiel in Indien nicht unüblich, dass Eltern ihre Töchter verstümmeln. Wer sich als Tourist von solchem erschütternden Anblick zu Almosen hinreißen lässt, trägt dazu bei, dass dieses zerfleischte Kind durch die Bettelei mehr verdient als der hart arbeitende Vater. Es wird zur Haupteinnahmequelle für die Familie. Zudem wird diese grausame Strategie mit Erfolg belohnt. Sobald aber das Kind zum Mitleiderregen zu groß geworden ist, wird es, da ohne Ausbildung und zu keiner anderen Berufsarbeit geeignet, entweder von der Familie getötet oder verjagt. Damit wird die Kriminalität zum Auffangbecken für alle Kinder, die sich an die

039rr Abb. hf

◁ *Almosen*
bezahlen Kinder
mit ihrer eigenen
Zukunft

Helfen

Zuwendungen der Touristen gewöhnt haben. Darum hilft man mit Almosen nicht den Kindern, sondern nur sich selbst: Man beruhigt das eigene schlechte Gewissen angesichts des gravierenden Wohlstandsunterschiedes.

Süßigkeiten als Gaben verursachen gesundheitliche Schäden, weil Zahnpflege unüblich, Karies weit verbreitet und der Zahnarzt oft unerreichbar oder unbezahlbar ist.

So hart es auch klingt: Fremde Kinder sollte man niemals direkt beschenken. Will man sinnvoll helfen, kann man Schulhefte, Schreibgeräte oder Kleidung mitbringen und dem Dorfchef oder dem Schuldirektor übergeben.

Erwachsenen-Bettelei

Anders liegt das Problem bei der Erwachsenen-Bettelei, die in drei Formen auftritt.

Die traditionelle Bettelei gilt vielerorts als ein anerkannter Beruf, der oft seit vielen Generationen ausgeübt wird. Ein Berufsbettler wird allerdings dem Fremden kaum auffallen, weil er seine Armut nicht gerne zur Schau stellt und darum nur vor Einheimischen bettelt.

T-Shirt-Nikolaus

Alte, noch brauchbare Kleidung kann auf unbedenkliche Weise verschenkt werden, indem sie – auch nach Gebrauch – sichtbar aufgehängt zurückgelassen wird. Ein Abnehmer wird sich garantiert finden.

Die religiös motivierte Bettelei ist zum Beispiel in islamischen Ländern verbreitet. Die Koranvorschrift des Sakat verpflichtet die Reichen, als Beitrag zur gerechten Güterverteilung den Alten, Kranken und Blinden Almosen zu verteilen. Der Arme versteht sich jedoch nicht als Bettler, sondern als ein von Gott Berechtigter mit einem religiösen Anspruch auf die Gabe. Darum findet man diese Bettelei vor Tempeln und Moscheen, wo die Bettler ruhig und unaufdringlich am Straßenrand sitzen. Hier sollte auch der Reisende seinen Beitrag leisten, indem er einige kleine Münzen gibt. Ob und wie viel man geben sollte, ermittelt man am besten am Verhalten der Einheimischen. Größere Geldzuwendungen wären fehl am Platz, weil sie nicht zur Verringerung der Armut, sondern nur zur Vermehrung der Bettelei führen.

Die dritte Form der **Bettelei** wird **durch äußere Einflüsse** erzeugt: Menschen erbitten mit ihrer oft nur zur Schau gestellten Bedürftigkeit Almosen, weil sie damit bei unerfahrenen Spendern, nämlich Touristen, Erfolg haben. Zumeist verhalten sie sich aufdringlich oder gar aggressiv. Hier sollte man hart bleiben, um diese Unsitte nicht zu fördern.

Bedenkenlos kann man Alten und solchen Erwachsenen spenden, die offensichtlich arbeitsunfähig sind und auch von Einheimischen unterstützt werden.

Geschenke und Versprechen – kultivierte Dankbarkeit

Auf der ganzen Welt pflegt man sich für eine erhaltene Wohltat zu revanchieren. Erhält man als Reisender eine Auskunft, einen Hilfsdienst oder eine Einladung, so wird man mit einer entsprechenden Gegengabe niemals falsch liegen. Oft eignet sich eine Einladung auf ein Getränk oder ein heimisches Genussmittel.

Ein unverfängliches, international beliebtes Gegengeschenk an Erwachsene sind **Zigaretten.** Auch für einen überzeugten Nichtraucher empfiehlt es sich, stets ein Päckchen für solche Gelegenheiten mitzuführen: Nichts ist peinlicher, als nach einer Hilfestellung um eine Zigarette gebeten zu werden und diesen bescheidenen Wunsch abschlagen zu müssen. Wo Genussmittel ein seltener Luxus sind, wäre eine Belehrung über die Schädlichkeit des Rauchens äußerst deplatziert. Man stünde lediglich als undankbarer Geizkragen da!

Als **Gegenleistung für eine Einladung** darf es ruhig etwas mehr sein. Natürlich hängt die Eignung eines Geschenkes von der jeweiligen Kultur und dem Grad der Verweltlichung des Gastgebers ab. Sehr beliebt und zweckmäßig sind Gebrauchsgegenstände wie Taschenmesser, Feuerzeuge, Sonnenbrillen oder Batterien für Taschenradios.

Frauen freuen sich meist über Hautkrems, Parfüms, Haargummis oder andere Toilettenartikel und **für Kinder** eignen sich Kugelschreiber, Notizblöcke oder Hefte. Willkommen sind auch gut erhaltene

Kleidungsstücke und Schuhe, Gebrauchsgegenstände des täglichen Lebens und natürlich auch Lebensmittel.

Überschwänglicher **Dank für ein Geschenk** ist eine westliche Sitte, die manchen Kulturen fremd ist. Oft wird ein verpacktes Geschenk nicht einmal vor den Augen des Schenkenden geöffnet, was jedoch keinesfalls Geringschätzung des Geschenkes bedeutet. Wird man selbst beschenkt, so darf man die Gabe keinesfalls ablehnen. In afrikanischen und asiatischen Regionen sollte man ein Geschenk, sei es auch noch so klein, mit beiden Händen annehmen, denn die Übernahmen mit nur einer Hand könnte als mangelnde Anerkennung und Undank verstanden werden. Anschließend sollte man sich wieder mit einer Gegengabe revanchieren.

Geschenkekreislauf
Der fortwährende Austausch von Geschenken bezweckt die Vertiefung von Beziehungen und die Friedenssicherung.

Zuweilen möchte man etwas geben, über das man im Moment nicht verfügt, zum Beispiel ein eben gemachtes Foto oder passende Schuhe für den Gastgeber. Als Notlösung kann man um die Adresse bitten, um das **Geschenk später zu senden.** Ein solches Versprechen sollte man allerdings nur dann abgeben, wenn man es sicher einhalten will. Ansonsten trägt man zum schlechten Ruf der Touristen als Lügner bei.

Keinesfalls sollte man **leichtfertige Zusicherungen** mit weit reichenden Konsequenzen abgeben, etwa einer Frau scherzhaft die Heirat versprechen oder jemandem finanzielle Hilfe in Aussicht stellen. Dies könnte dazu führen, dass dieser im Glauben an finanzielle Unterstützung seine Arbeit aufgibt oder dass sein Verwandter plötzlich vor der Haustür des Europäers steht.

Manche neuer Bekannter mag auch versuchen, dem Gast aus dem Westen bestimmte Versprechungen, etwa eines Kleidungsstücks, einer Einladung nach Europa oder gar eines Kredit, abzuringen. Wenn man nicht helfen kann oder will, sollte man dem Wunsch ausweichen und sich nicht festlegen. Versucht man zudem seine Gründe zu erklären, so trägt man auch zur Korrektur der falschen Vorstellungen vom „Goldenen Westen" bei.

Medizinische Hilfe kann töten

Ärzte und Krankenhäuser konzentrieren sich in Entwicklungsländern in den städtischen Zentren. Je abgelegener und ärmer ein Gebiet ist, desto weniger medizinische Einrichtungen stehen der Bevölkerung zur Verfügung. Notfall-Patienten müssen erst einen langen, beschwerlichen Weg zurücklegen und selbst dann ist ihnen im überfüllten und teuren Stadtspital noch keine Versorgung garantiert.

In dieser Situation scheint es selbstverständlich zu sein, als reisender Arzt oder kundiger Laie den Menschen medizinische und medikamentöse Hilfe zu geben. Diese irrtümliche Selbstverständlichkeit kann jedoch gravierende Folgen auslösen!

Hilfe durch Touristen verursacht strukturelle Probleme. Jede Gesellschaft entwickelt ihr eigenes, mehr oder weniger traditionelles Notfallsystem, das auf Dauerhaftigkeit ausgerichtet ist. Wo aber die Versorgung durch Touristen zur Gewohnheit wird, wächst der Glaube an die vermeintliche „Allfähigkeit" der Europäer, während traditionelles Heilwissen in Vergessenheit gerät.

Auch das staatliche System der Versorgung mit subventionierten Arzneimitteln wird durch übermäßige Medikamentenspenden untergraben. Denn wer westliche Mittel gratis bekommen kann, verzichtet auf die – an sich sehr billige – Versorgung durch Vater Staat. Dadurch entsteht jedoch eine gefährliche Abhängigkeit vom Touristenstrom, der jederzeit versiegen und ein plötzliches Vakuum an Heilwissen und -mitteln zurücklassen kann.

Helfen

Behandlungen durch Reisende können sogar gesundheitsschädlich sein. So führte die Hochschätzung westlicher Arzneimittel mancherorts bereits zu **Modekonsum.** Um in den missbräuchlichen Genuss einer Medikamentengabe zu kommen, täuschen „Patienten" einige Leiden vor.

Höchste Gefahr besteht besonders dann, wenn jemand an einen **Touristen ohne entsprechende medizinische Kenntnisse** gerät. Zum einen ist die Reiseapotheke meist mit starken Notfallmitteln ausgestattet, zum anderen reagieren Einheimische wegen ihres seltenen Arzneikonsums viel stärker auf die Wirkstoffe. Darum kann eine falsche oder zu hohe Medikamentengabe sogar zum Tod führen.

 Aus all diesen Gründen sollte man nur im Notfall und ausschließlich dann medizinische Hilfe leisten, wenn man über die entsprechenden Kenntnisse verfügt. Andernfalls läuft man Gefahr, den Zustand des Betroffenen noch zu verschlimmern. In keinem Fall sollte man eine Operation ohne steriles Besteck und ohne die Möglichkeit einer Nachbehandlung durchführen, sonst droht eine zusätzliche Infektion und damit der Tod.

Wird man an besonders entlegenen Orten um Medikamente gebeten, so sollte man diese dennoch **nicht einfach verschenken,** denn kostenlose Leistungen werden oft als wertlos betrachtet (siehe Kap. „Almosen – (k)eine harmlose Gabe"). Vielmehr sollte man für die Arznei eine Gegenleistung fordern, die den Fähigkeiten des Patienten entspricht: Ziegenkäse vom Hirten, Feldfrüchte vom Bauern, billige Erzeugnisse von Handwerkern usw. Dadurch wächst das Bewusstsein um den Wert des Medikaments und stärkt gleichzeitig das Selbstvertrauen in den Wert des eigenen Produkts. Vor allem wird der

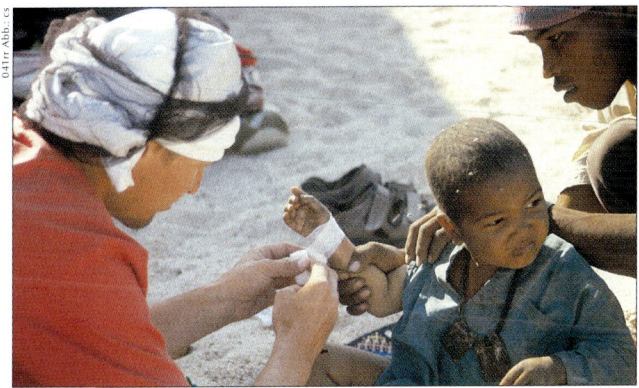

Bittsteller sorgfältiger überlegen, ob er immer noch Kopfschmerzen hat und das Aspirin tatsächlich benötigt.

Hat man einen **größeren Medikamenten-Posten** zu verschenken, erzielt man den größten Nutzen durch dessen Übergabe an einen kompetenten Verantwortungsträger, zum Beispiel an eine Arznei-Stelle, den Dorfchef oder einen Projektleiter. Der größte Bedarf besteht zumeist an Aspirin, Augentropfen, Erkältungs- und Hustenmitteln, Magentabletten, Rheumamitteln, Wundsalben, Vitaminpräparaten (wegen einseitiger Ernährung) und in den Tropen an Malariamitteln.

Der Ruf vom „allwissenden Weißen" kann jedoch auch sinnvoll genutzt werden, nämlich im **Hygienebereich!** Viele Krankheiten resultieren aus mangelnder Sauberkeit, weil moderne Medizin traditionelle Hygiene-Regeln vergessen lässt. So sollte man zum Beispiel vor der Behandlung eines Kindes die Mutter veranlassen, das Kind zu waschen. Besonders die Augen werden infolge mangelnder Hygiene häufig infiziert, was in Afrika zur Verbreitung der Blindheit beiträgt.

▲ *Kunstgerechte Erste-Hilfe ist eine schöne Möglichkeit, sich für die genossene Gastfreundschaft zu revanchieren*

Helfen

103

Korruption –
Straftat oder Kavaliersdelikt?

Kleine Korruption
Bei der kleinen Korruption müssen staatliche Leistungen auf administrativer Ebene individuell durch Extrahonorare bezahlt werden.

Bestechung ist weltweit strafbar. Das gilt auch für die ↗kleine Korruption, die in ärmeren Ländern besonders weit verbreitet ist. Allerdings könnten viele Beamte ohne diese **illegale Aufbesserung ihrer lächerlichen Gehälter** ihre Familien gar nicht ernähren. Wo der Staat vor dem Bankrott steht und keine Gehälter mehr zahlen kann, stellt Bakschisch überhaupt die einzige Einkommensquelle dar. Je verbreiteter der internationale Tourismus ist, desto zuvorkommender wird man als Reisender von den

▶ *Offene Bestechung kann zu Haftstrafen führen*

Behörden behandelt – zumindest, solange man in Begleitung von Vertretern einer heimischen Reiseagentur ist. Von diesen werden etwaige administrative Schikanen durch die unauffällige Zahlung von Schmiergeldern abgewehrt.

Solange Beamte kein ausreichendes Gehalt beziehen, sind sie auch weiterhin auf diese Einnahmen angewiesen. Zudem ist verständlich, dass auch diese Menschen vom Tourismus ein wenig mitprofitieren wollen, weshalb hier gewissermaßen auch die Trinkgeld-Regeln gelten (siehe Kap. „Trinkgeld – die bare Anerkennung"). Doch Vorsicht! Wegen der offiziellen Strafbarkeit von Bestechung ist Fingerspitzengefühl gefragt. Zwar kann man sich am Verhalten der Einheimischen orientieren, ob, wie viel und in welcher Form man etwas gibt. Allerdings stehen Beamten und westliche Ausländer doch in einem anderen Verhältnis zueinander. So könnte die Bestechung als Demütigung durch den „reichen Ausländer" missverstanden werden.

Als Reisender sollte man deshalb grundsätzlich niemals einen Bestechungsversuch machen, wenn man nicht absolut mit dem örtlichen Verfahren vertraut ist. Und selbst dann ist immer unauffällig und niemals vor Zeugen zu zahlen.

Erwartet der Beamte ein Zubrot, bringt er dies erfahrungsgemäß in eine Form – sei es eine bislang unbekannte Gebühr oder eine offensichtlich unbegründete Geldbuße –, auf die man passiv eingehen kann. Von dem hin und wieder zu lesenden Trick mit dem „vergessenen" Geldschein im Reisepass ist abzuraten. Zu groß ist die Gefahr von ernsthaften Komplikationen.

Helfen

043rr Abb.: hf

▶ *Zurück bleibt die Plastik-Plantage*

Umweltschutz

Umweltschutz

Geringer Ressourcenverbrauch – die effiziente Umweltschonung

Tourismus verursacht enorme Umweltbelastungen durch hohen Wasser- und Energieverbrauch. Diese Hemmungslosigkeiten folgen aus der typischen Urlaubssituation: Man will grenzenlos genießen. Die Übernutzung der natürlichen Rohstoffe hat jedoch gravierende Folgen. So stehen manche Sahara-Oasen bereits vor der Austrocknung ihrer Brunnen, Energie muss durch schmutzige Kohlekraft produziert oder für teure Devisen importiert werden.

Darum ist der schonende Umgang mit natürlichen Ressourcen ein elementarer Beitrag zum Erhalt der natürlichen und wirtschaftlichen Lebensgrundlage der Bevölkerung. Den größten Effekt erzielt man freilich dort, wo es auch wehtut, nämlich beim persönlichen Verbrauch von Wasser, Strom und Brennstoff.

- Hoteltouristen verbrauchen 10 bis 20 Mal so viel **Wasser** wie Einheimische. Dem kann leicht abgeholfen werden, indem ein Wasserhahn nur dann und nur so lange aufgedreht wird, als fließendes Wasser tatsächlich gebraucht wird. Darum sollte man zum Zähneputzen oder Rasieren ein Wasserglas statt fließendem Wasser verwenden.

- Besonders effizient sparen kann man beim Duschen: Erst kurz abspülen, dann während des Einseifens das Wasser abgedreht lassen und abschließend nur solange strömen lassen, bis der Seifenschaum abgeschwemmt ist.

- Äußerst umweltbelastend ist der tägliche Wechsel der Handtücher: Die aggressiven Waschsubstanzen und die hohen Waschtemperaturen belasten das Grundwasser und den Energieverbrauch. Indem man die Handtücher auf den

Halterungen belässt, anstatt sie auf den Boden zu werfen, signalisiert man dem Zimmermädchen den Verzicht auf frische Wäsche.

- Bei der Klospülung (wo vorhanden) lässt sich einfach Wasser sparen, indem man diese sofort nach der Beseitigung seines Geschäfts unterbricht.
- Einen wichtigen Beitrag gegen die Wasserverschwendung in trockenen Gebieten leistet man, indem man keine Hotels mit Pools oder Golfplätzen unterstützt.
- Den Verbrauch an Elektrizität kann man mühelos verringern, indem man keine unnötigen Lichter brennen lässt und nach Verlassen des Zimmers

◁ *„Wasser ist Leben" heißt es bei den Tuareg, den Profis der Wüste*

Umweltschutz

das Licht komplett löscht. Auf die Klimaanlage und ähnlich starke Stromfresser sollte man überhaupt verzichten. Ein Ventilator erfüllt denselben Zweck, verbraucht aber weniger Strom und senkt das Risiko einer Verkühlung.

Lebensquell Baum

Bäume sind für den Bodenschutz extrem wichtig, wachsen aber in trockenen und kalten Regionen sehr langsam - langsamer, als der Brennstoffbedarf der stark wachsenden Bevölkerung und der Tourismusunternehmen. Im Himalaja fielen ganze Wälder dem Holzbedarf der Trekker zum Opfer, was zu Erosion, Hangrutschung und Verödung der Täler führte. In Trockengebieten wiederum breitet sich die Wüste unwiderruflich aus. Im Gegensatz zu den Touristen kann die Bevölkerung ihren Lebensraum jedoch nicht wechseln.

● Die wichtigste Umweltressource Holz muss besonders geschont werden. Darum darf nur abgestorbenes Holz verwendet werden, während lebende Bäume absolut tabu sind. Reist man in ein Gebiet mit wenigen Bäumen, so muss man den benötigten Holzvorrat selbst mitbringen oder, wie in Nepal in einigen Gebieten verpflichtend, mit Kerosin kochen. Lagerfeuer sind in baumarmen Regionen ein echter Umweltfrevel! Gemütlich kann es auch bei Kerzenlicht sein.

Wohin mit dem Müll?

Müllentsorgung klappt in den wenigsten Entwicklungsländern, weil die Bevölkerung noch den traditionellen Umgang mit rein organischem Abfall gewohnt ist, nämlich ihn einfach fortzuwerfen, Natur und Ziegen erledigten den Rest! Doch bei Plastik, Glas und Metall klappt das nicht mehr, weshalb sich Müllberge entlang der Straßen türmen.

Die Störung des Naturgenusses ist noch das geringste Übel. Schlimmer sind die Brutherde für Krankheitserreger und die Verletzungsgefahr für Kinder, die gerne im Dreck spielen. Wiederum liegt es am einzelnen Reisenden, seinen Beitrag zur Müllplage möglichst gering und die Natur rein zu halten.

Dies gelingt am besten mit den drei Prinzipien Müllvermeidung, Wiederverwendung und Wiederverwertung!

- Schon beim **Einkauf** sollte man darauf achten, nur Waren aus wieder verwertbaren oder biologisch abbaubaren Materialien zu wählen. Eine wichtige Rolle spielt hier die Vorbildwirkung des Touristen, weshalb man in Geschäften bewusst und nachdrücklich auf Verpackungsmaterial aus Kunststoff verzichten sollte. Es segeln schon genug Plastiksäcke durch die Landschaft!

- An Stelle von Lebensmitteln in Konservendosen kann man unterwegs frische Lebensmittel von Bauern kaufen. Dadurch fällt weniger Müll an und die Bauern profitieren mit.

- Auf **Trinkwasser in Plastikflaschen** sollte man völlig verzichten. Oft wird es teuer importiert und verursacht somit zusätzlich zum Plastikmüll auch Devisenabfluss. Billiger und umweltfreundlicher ist es, stets die eigene Wasserflasche mit sich zu führen, die man bereits im Hotel füllt. Zur Wasserentkeimung sind Katatyn-Filter oder Micropur-Tabletten sogar besser geeignet als das Abkochen.

- **Aludosen** sind abzulehnen, weil ihre Erzeugung äußerst energieaufwändig und ihre Entsorgung unmöglich ist. Stattdessen sollte man wiederbefüllbare Glas- oder Kunststoffgefäße verwenden.

- **Wohlstands- und Sondermüll** wie Fotobatterien werden im Süden lediglich vergraben, wodurch in weiterer Folge das Grundwasser mit Schwermetallen belastet wird. Darum muss solcher Müll wieder nach Europa zurückgebracht und dort fachgerecht entsorgt werden.

Umweltschutz

▶ *Müllentsorgung im Niger*

042rr Abb.: hf

- In ländlichen Gegenden kann **Abfall pflanzlicher und tierischer Herkunft** getrost fortgeworfen werden. Er dient Wildtieren, Kühen oder Ziegen als Futter.

- Der **unvermeidbare Restmüll** aus unverrottbarem Material (Plastik, Gummi, Glas, Dosen ...), der während eines Ausflugs anfällt, sollte in einem großen Sack gesammelt und zur nächsten Stadt mitgenommen werden. Dort wird er zwar auch nur deponiert, doch zumindest unter relativ geordneten Verhältnissen. Um den Naturgenuss zu steigern und Verletzungen des Wildes zu verhindern, wäre es dankenswert, auch den vorgefundenen fremden Müll einzusammeln und in der Stadt der Müllentsorgung zuzuführen.

Ist man **mit einer Reisegruppe unterwegs,** trägt man wesentlich zum Erhalt der Natur bei, indem man die Verantwortung für das Müllmanagement übernimmt. Dazu sollte man die Gruppe und besonders auch den örtlichen Reiseführer zur Einhaltung der hier angeführten Regeln veranlassen.

Hygiene – die Kunst der natürlichen Sauberkeit

Körperliche Sauberkeit ist für das persönliche Wohlgefühl und die Gesundheit wichtig. Dies gilt umso mehr in den Tropen.

Im Süden legen die Menschen aus religiösen Gründen besonders großen Wert auf Reinlichkeit. Dies gilt insbesondere für den **Toiletten-Besuch,** wo man kein Toilettenpapier verwendet, sondern sich abschließend im Analbereich zu waschen pflegt. Darum gibt es auf Toiletten in muslimischen und vielen asiatischen Ländern stets einen Wasseranschluss oder wenigstens einen Wasserbehälter – eine beneidenswerte, einfache und billige Einrichtung! Dagegen ist die europäische Methode – Klopapier und Feuchttücher – ein teurer und umweltbelastender Ersatz.

Wegen der orientalischen Toiletten-Kultur, wo man kein Toilettenpapier verwendet, sondern anschließend den Anus zu waschen pflegt, sind die Abflussrohre viel enger als in Europa. Um eine Verstopfung des Abflusssystems zu vermeiden, findet man in Hoteltoiletten häufig eigene Behälter für das benutzte Toilettenpapier. Oder man probiert die orientalische Methode und wäscht sich. Dadurch spart man Toilettenpapier und man fühlt sich in der Hitze sauberer und wohler.

Will man sich seines **Bedürfnisses in der Wildnis** entledigen, so sollte man sich mindestens 30 Meter von Wasserlöchern oder Brunnen entfernen, damit die Exkremente nicht z. B. durch Wind ins Trinkwasser gelangen und dieses verunreinigen. In tropischen Gebieten sollte man sie vergraben, um die Geruchsbelästigung zu verhindern. Zur eigenen Reinigung verwendet man am besten Wasser. Wird Papier benutzt, muss es unbedingt verbrannt werden. Sonst könnte einem beim nächsten Windstoß

Umweltschutz

die eigene Bescherung um die Ohren fliegen. Zudem verwittert Papier in der Wüste extrem langsam.

Für die allgemeine **Körper- und Kleiderwäsche** sollte man bereits vor der Reise biologisch abbaubare Seife und Waschmittel besorgen und nur diese verwenden. Auch hier muss zum Schutz des Trinkwassers wieder genug Abstand zu Wasserstellen und Brunnen gewählt werden.

Naturschutzzonen – sensible Öko-Inseln

Landschaften und Biotope stehen unter Naturschutz, damit die Schönheit und der hohe Wert ihres fragilen Ökosystems möglichst erhalten bleiben. Um als Besucher eines Naturparks zu seiner Erhaltung beizutragen, sollte man über die bereits genannten Maßnahmen und Einschränkungen hinaus besondere Regeln beachten.

- **Einen Park sollte man außerhalb der Besucherspitzenzeiten besuchen,** um die Belastung von Mensch und Tier mit Verkehr, Lärm und Stress möglichst gering zu halten.
- Beim Betreten des Parks sind die geforderten **Eintrittsgebühren** auch dann zu zahlen, wenn nur durch Schilder aufgefordert wird, einen bestimmten Betrag in einem dazu vorgesehenen Gefäß zu deponieren. Diese Einnahmen bilden die finanzielle Basis für die Erhaltung der Parks.
- **Abfall- und Hygieneregeln bitte streng befolgen.** Dies gilt besonders für Raucher: Fortgeworfene **Zigarettenkippen** stellen eine akute Feuergefahr dar. Auf Grund ihrer Verwitterungsbeständigkeit sammeln sie sich über Jahre hinweg an. Sie können von Tieren gefressen werden, die daran erkranken.

Der internationale Kodex der Naturtouristen: Take only photographs, leave only footsteps!

🔸 Keinesfalls darf man **ortsfremde Pflanzen, Samen oder Tiere einführen** bzw. Obst oder andere Pflanzenteile fortwerfen. Ein solcher Eingriff in das Gleichgewicht der heimischen Arten führte zum Beispiel in Australien zur Schädigung des Regenwaldes durch die ungebremste Ausbreitung importierten Efeus.

🔸 **Alles belassen, wie es ist!** Bitte keine Pflanzen ausreißen oder sonstige Bestandteile der Natur forttragen. Weniger der konkrete Eingriff gefährdet die Natur, als vielmehr die Summe all jener, die „nur eine Blume pflücken". Willkommen ist die Sammellust bei „verlorenem" Müll. Hier leistet man einen aktiven Beitrag gegen die Verletzungsursachen bei Wildtieren.

🔸 Wunden an der Natur können vielleicht wieder heilen, **Schäden an Kulturdenkmälern** sind dagegen oft irreparabel. Wem der Wert solcher Stätten am Herzen liegt, sollte aktiv zu deren Erhaltung beitragen und Vandalismus-Akte von „Grafitti-Künstlern" zu verhindern versuchen.

🔸 Naturparks überstehen den größten Besucherandrang nur dank eines durchdachten Wegenet-

Umweltschutz

046rr Abb.: hf

*▶ Tiere haben
immer Vorrang*

zes. Dadurch bleiben die umgangenen Schutz-
bereiche verschont, wodurch scheue Tiere und
Brüter überleben können. Wege verhindern auch
Trittschäden an Moosen, Bodenflechten und
Wildblumen, die zuweilen Jahrzehnte zu ihrer Re-
generation benötigen. Darum sollte man die
Parkwege niemals verlassen. Wer öffentlich ei-
ne Absperrung missachtet, gibt ein schlechtes
Vorbild ab und trägt somit in zweifacher Weise
zur Schädigung der Natur bei.

⌁ **Wildtiere** machen den größten Reiz eines Parks
aus. Sie erfordern auch die meiste Rücksichtnahme. Werden Tiere aufgescheucht oder anderwei-
tig durch Besucher gestört, so werden sie an der
Jagd, an der Nahrungsaufnahme, der Paarung
oder der Brutpflege gehindert. Dies führt langfristig zur Dezimierung des Wildbestandes und somit des Naturgenusses der Besucher.

▯ Je größer der **Abstand zu einem beobachteten Wildtier** ist, desto weniger wird es gestört. Die Benutzung eines Fernglases macht die Entfernung wieder wett. Wird einem Tier der Fluchtweg abgeschnitten, indem es von Beobachtern umkreist wird, droht höchste Gefahr durch Panikreaktion oder gar Attacke.

▯ Absolut tabu ist der **Bereich zwischen Elterntieren und ihren Jungen.** Hier besteht akute Angriffsgefahr! Auch unbewachten Jungtieren sollte man sich niemals nähern, geschweige denn sie streicheln: Irgendwo könnte das Muttertier lauern! Für Mensch und Tier besteht eine gegenseitige Infektionsgefahr. Vor allem aber wird der Geruch des Menschen auf das Jungtier übertragen. Dadurch könnte es vom Muttertier verstoßen werden und der Tod wäre ihm sicher

▯ **Bitte keine Wildtiere füttern!** Ungewohnte Kost kann zu Verdauungsstörungen oder Krankheiten führen. Häufig gewöhnen sich Tiere an diese neue Futterquelle, werden somit abhängig, verlieren ihre Anpassungsfähigkeit und sterben, wenn Regen und Touristen ausbleiben.

▯ **Will ein Tier die Straße überqueren,** so hat es immer Vorrang. Am besten stellt der Fahrer den Motor ab. Laute Zurufe und rasche Bewegungen sollten generell unterlassen werden.

▯ Absolut deplatziert ist das **Aufscheuchen oder Verfolgen von Tieren,** um etwas Bewegung ins Foto zu bringen: Ein Naturpark ist kein Zirkus!

▯ Zuweilen sind es sogar unterbezahlte **Parkwächter** oder schlecht ausgebildete Reiseführer, die zum Gaudium ihrer Gäste die Tiere mit dem Wagen hetzen. Wer auf solche Spaßvögel behutsam, aber bestimmt einwirkt und über die Folgen solcher Aktionen aufklärt, trägt sogar zur Erhaltung ihrer Jobs bei: Denn ein Park ohne Tiere – und ohne Besucher – braucht keine Führer mehr.

Umweltschutz

▶ *Kinder können ganz schöne Teufelchen sein*

Selbstschutz-Rechte

Selbstschutz

Selbstschutz –
wo der Spaß aufhört

Jedes Land, mag es auch noch so idyllisch und gast-freundlich erscheinen, hat auch seine **Schattensei-ten.** Die Konfrontation mit desolaten Hotels, auf-dringlichen ↗Schleppern oder wild grapschenden Kinderhorden, mit Kriminalität oder schockieren-den Riten können selbst den geduldigsten Reisen-den aus der Fassung bringen.

Schlepper *oder „Touristen-jäger" sind selbst ernannte Fremden-führer, die mit geringer fachlicher Qualifikation, aber hoher Motivation naiven Reisenden das Geld aus der Tasche locken.*

In solchen Stresssituationen neigt man leider da-zu, seine sonst so offene Einstellung gegenüber dem Urlaubsland über Bord zu werfen und auf grif-fige Klischees zurückzugreifen. Dabei liegt gerade im Konflikt die größte Chance, Einblick in die Seele eines Landes zu gewinnen: Menschen – und erst recht Gesellschaften – sind niemals entweder „edel" oder „wild"! Sie sind vielschichtig, wider-sprüchlich und wechselhaft. Mit dieser Lebenswirk-lichkeit spielerisch umzugehen und ein ausgegli-chenes **Verhältnis zwischen Offenheit und ge-sundem Selbstschutz** zu finden ist die Kunst des Reisens. Doch wo liegt die legitime Grenze der To-leranz und mit welchen Mitteln darf oder muss man als Gast seine Rechte einfordern und verteidigen?

Typisch für Entwicklungsländer sind Situationen, in denen sich viele Menschen etwas teilen müssen, wovon nur wenig vorhanden ist. Da will sich jeder das beste Stück sichern. Wer etwa einen Platz in ei-nem öffentlichen Verkehrsmittel reserviert hat, wird nicht weit kommen, wenn er seinen Platzanspruch aus falscher Rücksichtnahme aufgibt. Wer sein legi-times Recht nicht durchsetzt, wird weniger als edler Held geehrt, sondern als dummer Feigling verach-tet. Höfliches, aber bestimmtes Beharren auf ein Recht kann dagegen Respekt verschaffen.

Natürlich ist es unmöglich, sich auf alle mögli-chen Schwierigkeiten vorzubereiten. Darum ist

Selbstschutz

auch **Fingerspitzengefühl und Abwarten** zumeist die beste unmittelbare Reaktion. Zuweilen stellt sich heraus, dass man zwar einen berechtigten Anspruch – etwa auf ein Einzelzimmer – hat, doch dieser Anspruch unerfüllbar ist, weil etwa eine unerwartete Regierungsdelegation alle Einzelzimmer belegt hat.

▲ In Sammeltaxis wird es eng, doch wer mehr zahlt, bekommt auch die besseren Plätze

In den seltensten Fällen trägt die Person am Empfang die Verantwortung für das Problem und wird dennoch zum Blitzableiter für die Wut des betroffenen Touristen. Darum ist die **Frage nach den Ursachen für das Problem** ein guter Weg, um Verständnis, Ruhe und eine Lösung zu finden.

Wie weit man letztlich auch Druck ausübt, um sein Recht zu bekommen, **niemals** darf man **unhöflich und respektlos** werden. Dadurch werden keine Probleme gelöst, sondern neue geschaffen. Ein „verlorenes Gesicht" kann auch zum Problem werden.

121

▶ *Der westliche Einfluss durch Medien, Handel und Tourismus führt zur Modernisierung traditioneller Gesellschaften. Das bedeutet Staatsrecht statt Stammesrecht, Schulwissen statt Wissen der Alten, Geld statt Tauschhandel, bedeutet Verstädterung, Industrialisierung, Konsum …*

Als Faustregel kann man auf seine Ansprüche umso eher bestehen, je modernisierter eine Region ist, also im Einzugsbereich von Städten oder Touristenzentren. Hier wächst in der Regel auch das Maß der Kriminalität, weshalb man umso vorsichtiger sein sollte: Ein gesundes Maß an Skepsis und an Egoismus schützt vor Ungemach.

Betrug und Attacken – wenn es eng wird

Wo Armut herrscht, gepaart mit dem sozialen Zerfall des Großstadtdschungels, wird man häufig von aufdringlichen **Touristenschleppern** oder gar **professionellen Betrügern** belästigt. Ihnen entgeht man am besten mit sicheren und schnellen Schritten in belebtere, hellere, übersichtlichere Straßen. Oft wirkt schon Mut und selbstbewusstes, nicht arrogantes Auftreten abschreckend. Auch Notlügen

wie der Hinweis auf eine dringende Verabredung sind sehr hilfreich. Wer jedoch meint, als aufgeklärter Europäer schlauer als die Einheimischen zu sein, wird diesen Irrtum teuer bezahlen. Nicht umsonst sind die Tricks der Wechsler beim Geldzählen berühmt und übertölpelte Touristen bilden die Basis eines weltweit verbreiteten Brotberufs.

Wird man aber trotz aller Vorsicht betrogen, dann sollte man sich auch wehren. Wer sich hingegen alles gefallen lässt, würde nur das verbreitete Klischee vom dummen, reichen Ausländer bestätigen. Erhält man etwa von einem Händler schlechte Ware, so sollte man höflich und ruhig auf Rücknahme pochen. Notfalls hilft auch die Drohung mit der Polizei. Vorsicht in Rotlichtbezirken, da hier die Behörden oft mit den Betreibern zusammenarbeiten!

 Tourismus-Polizei
In stark bereisten Ländern wie Thailand oder Ägypten gibt es eine Tourismus-Polizei zum Schutz von Reisenden. Die Rufnummer dieser Einheiten sollte man immer bei sich haben.

Selbstschutz

Kinder sind neugierig. Besonders in abgelegenen Gegenden umringen ganze Horden tobender Schreihälse den Fremden und wollen seine weiße Haut betasten. Solch überschäumendes, kindliches Interesse sollte man mit freundlichem Gesicht erdulden, mag es zuweilen auch unangenehm sein, von Kindern mit verkrusteten Nasen begrapscht zu werden. Der Kontakt zu Kindern ist meist eine gute Chance, dem Dorf näher zu kommen. Doch bitte nicht vergessen: keine Geschenke an fremde Kinder! (s. Kap. „Almosen – (k)eine harmlose Gabe")

Kritischer wird es dagegen, wenn man mit Gebrüll, aggressiver Bettelei oder gar Steinwürfen konfrontiert wird. Freilich sind solche Kinder für ihr Verhalten nicht unmittelbar verantwortbar. Armut und hohe Kinderzahl erschweren die elterliche Aufsicht, wodurch die Zöglinge gleichsam durch die Gesellschaft und somit auch durch Touristen erzogen werden. Wer auf solche Attacken nur verärgert reagiert, fördert das Fehlverhalten sogar, denn die Kinder werden ihren Spaß daran haben. Solange man nicht

▼ Fremde werden oft wild umringt

körperlich angegriffen wird, bleibt man am besten stoisch und geht raschen Schrittes auf belebtere Straßen. Wird man hingegen ernsthaft attackiert, kann man einen erwachsenen Passanten um Hilfe bitten. Damit erweist man der Person Ehre und verhindert zugleich, sich gegenüber den Kindern falsch zu verhalten.

Für **Frauen,** die von Männern bedrängt werden, gilt grundsätzlich dasselbe: Durch selbstsicheres Auftreten und einige schlagfertige Worte lassen sich problematische Situationen schnell entkrampfen. Vor allem hilft Vorbeugung durch das entsprechende Outfit (siehe Kap. „In der Öffentlichkeit").

Literaturtipp
„Schutz vor Gewalt und Kriminalität unterwegs" von M. Faermann, ISBN 3-89416-756-4, Reise Know-How Verlag

Falsche Helden – wenn Zivilcourage schadet

Bemerkt man im eigenen Kulturkreis eine ungerechte Behandlung oder Misshandlung einer wehrlosen Person, zum Beispiel eine Vergewaltigung, so sollte man sofort eingreifen oder wenigstens Hilfe holen, um sich nicht der unterlassenen Hilfeleistung schuldig zu machen. Diese Pflicht lässt sich jedoch nicht einfach auf fremde Kulturkreise übertragen, in denen zuweilen andere Wertmaßstäbe herrschen, die für uns unverständlich erscheinen.

Wir empfinden zum Beispiel Frauenbeschneidung als barbarisch, weil dies gegen unsere Vorstellung vom Grundrecht auf körperliche Unversehrtheit als auch auf sexuelle Selbstbestimmung der Frau verstößt. Darum wird dieses Thema bei uns sehr gefühlsbeladen diskutiert. Wenn es aber um Vorgänge in anderen Gesellschaften geht, braucht man vor allem ein gerüttelt Maß an innerer Distanz, um erstmal die Zusammenhänge und Gründe solcher befremdenden Vorgänge zu verstehen. Erst dann ist es möglich, sich ein Urteil zu bilden.

Selbstschutz

Hinter gelebten Bräuchen und sozialen Regeln verbergen sich stets komplexe gesellschaftliche Zusammenhänge und Bedeutungen: soziale Mechanismen zur Regelung von Integration, Konfliktbewältigung und anderen alltäglichen Problemen. Je mehr man die Zusammenhänge einer Gesellschaft versteht, desto deutlicher wird auch, dass es nirgendwo ein eindeutiges „Gut" oder „Böse" gibt. Die Frage nach der Bewertung einer Handlung wird zunehmend nach der Frage ihrer Funktion verdrängt: Warum wird etwas gemacht, wozu führt es, und was würde ohne diese Handlung für alle Beteiligten passieren, gefühlsmässig und tatsächlich? Die letzte Frage ist dabei besonders wichtig, weil sie die Vielschichtigkeit von sozialen Zusammenhängen preisgibt. So ist es zum Beispiel leichter, Lynchjustiz aus philosophischer Sicht zu verurteilen, als dies aus der Sicht der Eltern eines vergewaltigten Mädchens zu tun. Jede Gesellschaft löst diesen Widerspruch durch die Entwicklung von gemeinsamen Regeln, die für ihre Mitglieder gelten. Würde man nun als Gast einer fremden Kultur seinen eigenen Wertmaßstab instinktiv, also unreflektiert, übertragen, um – nach unseren Vorstellungen – „Gutes zu tun und zu helfen", so könnte man sogar Gefahr laufen, großen Schaden anzurichten, anstatt, wie beabsichtigt, „Böses" zu verhindern. Am Beispiel der Almosen wurde in Kapitel „Almosen – (k)eine harmlose Gabe" gezeigt, welche tragischen Folgen gut gemeinte, aber falsch verstandene Hilfe auslösen kann.

Es ist wunderbar, wenn Reisende scheinbare soziale Missstände wahrnehmen und etwas dagegen unternehmen wollen. Dann empfiehlt es sich, immer erst nach den Hintergründen und Zusammenhängen zu fragen, bevor man aktiv wird. Besonders in ländlichen Regionen, wo der soziale Zusammenhalt noch besser funktioniert, bleibt einem Reisen-

den zumeist verborgen, wie gut – oder schlecht – zum Beispiel ein Behinderter in die Dorfgemeinschaft integriert ist. Würde dieser nun plötzlich von Reisenden gezielt unterstützt werden, so wäre er zwar kurzfristig finanziell besser gestellt, liefe aber gleichzeitig Gefahr, den Neid der Dorfbevölkerung auf sich zu ziehen. Langfristig überleben kann aber ein schwaches Mitglied der Gesellschaft nur mit, niemals gegen seine Gesellschaft. Darum ist eine solche Hilfe nur sinnvoll und wirksam, wenn sie gemeinsam mit dem gesamten betroffenen Personenkreis erdacht und umgesetzt wird. Und dazu braucht es viel Zeit! Darum eignet sich am besten die Unterstützung eines lokalen Entwicklungsprojekts: Hier kennt man die Leute, deren Probleme und erprobte Lösungsansätze.

Ähnliches gilt für die Verhinderung von kultischen „Gewalttaten" wie die Frauenbeschneidung. Gerade weil die lebensgefährliche Verstümmelung

▲ Längerfristige Behindertenprojekte zu unterstützen hilft sinnvoller als die Förderung einzelner Behinderter

Selbstschutz

▲ Verschleierte Mädchen in der Schule. Wer helfen will, muss die sozialen Zusammenhänge gut kennen.

der Klitoris nach westlichem Empfinden als verdammenswert erscheint, wird dabei meist die soziale Bedeutung dieses Brauchs für die Bezugsgruppe übersehen. In traditionellen Gesellschaften müssen sich Kinder am Ende ihrer Pubertät einem besonderen Ritus unterziehen, um als Erwachsene anerkannt zu werden und die damit verbundenen Rechte und Pflichten zu erlangen. Wer sich diesem Ritus entzieht, verliert sein Ansehen oder wird sogar verstoßen. Die Verhinderung solcher Akte ist darum nur dann verantwortbar, wenn die betroffene Person dies ausdrücklich und nach reiflicher Erwägung aller Konsequenzen wünscht.

Generell ist eine Intervention umso eher abzulehnen, je intakter der gesellschaftliche Rahmen einer Kultur erscheint. Ein erbetener Beistand ist dagegen umso vertretbarer, je stärker die Bezugskultur modernisiert ist. Bedingung ist, dass die Betroffenen auch „nachher" Anschluss und Beistand finden können. In diesen Fällen wird eine behutsame Intervention, verbunden mit begleitenden Maßnahmen wie Aufklärung und wirtschaftlicher Unterstützung vertretbar sein. Die Finanzierung einer soliden Ausbildung böte einem „geretteten" Mädchen eine echte alternative Lebenschance. Wer aber nur punktuell eingreift, kann soziale Schäden verursachen, von denen er, wieder in seiner Heimat, niemals erfahren wird.

Für den Reisenden empfehlen sich darum folgende Faustregeln:

- Grundsätzlich hat man als Fremder weder das Recht, noch die Pflicht zu Eingriffen.
- Der Respekt vor einer Kultur bedeutet nicht Kritiklosigkeit, sondern Aufmerksamkeit für soziale Widersprüche und Ungerechtigkeiten. Dadurch eröffnet man sich die große Chance, Land und Leute hinter den Kulissen zu verstehen.
- Bevor man einen Missstand in einer fremden Kultur verurteilt, sollte man erst versuchen, die gesellschaftlichen Zusammenhänge zu verstehen. Dabei ist es hilfreich zu überlegen, wie in unserer Gesellschaft mit derartigen Problemen tatsächlich umgegangen wird.
- Gerät man überraschend in eine kritische Situation, so sollte man sich so rasch und so weit als möglich zurückziehen. Man kann nie wissen, in welcher Gefahr man selbst oder der Betroffene sich befindet.
- Will man helfen, so sollte man sich beim Reiseleiter, der Hoteldirektion, der örtlichen Mission etc. erkundigen, welche regionalen Projekte es gibt und wie man sie unterstützen kann.

Selbstschutz

054rr Abb.: hf

▶ *Was bleibt nach der Reise außer dem Gruppenfoto?*

Abschied als Beginn

Abschied

Feed-back –
statt „nach mir die Sintflut"

Auch die schönste Reise endet irgendwann am Ziel. Ob am Ende einer Stadtführung, einer mehrwöchigen Rundreise oder eines Hotelaufenthalts, in jedem Fall sollte man sich nicht einfach nur wortlos aus dem Staub machen. Eine abschließende Reaktion gegenüber Verantwortungsträgern ist die große Chance, die aufgebauten Beziehungen zu vertiefen und Anerkennung zu erweisen.

Positive Rückmeldungen fördert das Selbstvertrauen der Menschen und motiviert sie, auch weiterhin ihre Leistung zu erbringen.

Konstruktive Kritik ist die wichtigste Grundlage für Verbesserungen. Sie eröffnet die Chance, dass Missstände behoben werden. So sollte man über Verkehrsprobleme, schlechten Service, unqualifizierte und rassistische Reiseleiter, verseuchtes Wasser und tropfende Leitungen nicht nur nörgeln, sondern aktiv dazu beitragen, dass diese Probleme aufgegriffen und gelöst werden.

Missstände, die sich **im öffentlichen Leben** abspielen (z. B. sexueller Kindesmissbrauch), sollten den zuständigen örtlichen Behörden gemeldet werden. Wenn man wieder zu Hause ist, sollte man die Behörden oder (sehr wirksam) örtliche Zeitungen durch Briefe auf solche Erscheinungen hinweisen.

Indem sinnvolle **Anregungen von Konsumenten** an die Verantwortlichen herangetragen werden, kann damit langfristig weit mehr bewirkt werden als nur durch das individuelle Wohlverhalten: Auf diese Weise unterstützt man die Verbesserung der örtlichen Tourismuskultur und somit auch ihre nachhaltige Entwicklung. Wer etwas bewirken will, muss sich direkt an den zuständigen Beamten wenden.

Weil den Reiseunternehmen Feed-back so wichtig ist, werden den Kunden **Beurteilungsbögen**

Traumjob Reiseleiter

Gibt es einen schöneren Job als den des Reiseleiters? Ständig besucht er die schönsten Stätten der Welt, trifft interessante Menschen und bekommt dafür Gehalt und Trinkgeld ...

Dieses Image des Reiseleiters steht im Widerspruch zur Fülle an Aufgaben, die mit diesem schlecht bezahlten Beruf ohne soziale Absicherung verbunden sind. Der Reiseleiter ist für die programmgemäße Durchführung und vor allem die Gestaltung der Reise verantwortlich. Als wichtigste Bezugsperson für die Reiseteilnehmer muss er sich um Reklamationen und um die Lösung der Probleme vor Ort kümmern. Die Erfüllung dieser Aufgaben setzt Kompetenzen wie Menschenkenntnis, Organisationstalent, Entscheidungsfreudigkeit, umfassende Allgemeinbildung und Führungsqualitäten voraus.

Weil Pauschaltouristen sich selten auf das Reiseland vorbereiten, muss der Reiseleiter auch die entsprechende Orientierung und Sicherheit vermitteln. Dazu sollte er sein Expertenwissen didaktisch aufbereitet auf spielerische Weise präsentieren, um die Teilnehmer zum aktiven Entdecken des Landes anzuregen. Ob ihm das gelingt, hängt letztlich auch von der Qualität der Gruppe ab. Reiseteilnehmer, die eher offen und kooperativ sind, erleichtern die Arbeit des Reiseleiters erheblich, nörglerische und unnahbare Leute machen den Job zur Sisyphusarbeit: Nichts kann man ihnen Recht machen! Mit fröhlichen Kunden hingegen genießt auch der Reiseleiter die „Traumziele".

055rf Abb.: hf

◀ *Mit fröhlichen Kunden ...*

Abschied

ausgegeben. Leider machen die Kunden davon viel zu wenig Gebrauch. Sie könnten dem Veranstalter helfen, den Programmverlauf und das Serviceangebot zu verbessern. Zudem sind positive Bemerkungen über das Personal ein ideelles Dankeschön zusätzlich zum Trinkgeld, weil dadurch das Ansehen des Personals im Unternehmen gestärkt wird. Ein Formular erleichtert dem Reisenden das Anbringen von Beschwerden über das Personal. Davon sollte jedoch nur dann Gebrauch gemacht werden, wenn eine persönliche Klärung des Problems mit dem Betreffenden oder dem Reiseleiter nicht möglich war. Erfolgreicher ist es jedenfalls, Unzulänglichkeiten im direkten Gespräch vor Ort zu besprechen. So können Missverständnisse sofort aufgeklärt und Probleme gelöst werden. Bis zum gemeinsamen Abschiedsessen sollten Unstimmigkeiten geklärt werden. Nichts ist für einen Reiseleiter trauriger, als erst im Nachhinein mit Klagen konfrontiert zu werden, während vorher scheinbar „alles in bester Ordnung" war. Dann bleibt bitterer Nachgeschmack!

Die Fremde daheim

Kehrt man aus dem Urlaub zurück, wird man meist gleich wieder vom Alltag vereinnahmt, während die schönsten Erinnerungen an den Urlaub in Form eines Fotoalbums abgelegt werden müssen. An diesem Punkt eröffnet sich nun die große Chance, aus einer beendeten Reise mehr als nur einen erwartungsgemäß erfüllten Reisevertrag zu machen, nämlich eine Begegnung, die über die sichere Heimkehr hinaus reicht.

Während der Reise knüpfte man neue Beziehungen, kam den Einheimischen näher, begann vielleicht sogar mit den Menschen ein wenig mitzuleben, an ihren Sorgen und Freuden teilzuhaben.

O5er Abb., hf

Nunmehr, wieder daheim, kann man sich bei jenen Menschen für die genossene Gastfreundschaft revanchieren, indem man diese Freundschaften auch weiterhin pflegt, anstatt sie zu vergessen.

Dies betrifft vorerst die Erfüllung der konkret eingegangenen Verpflichtungen, etwa die Übersendung der versprochenen Familienfotos oder der zugesicherten Kleidungsstücke. Hilfen, die man in Aussicht gestellt hat, sind in die Wege zu leiten. Besonders sind nun Briefe an jene zu schreiben, deren Erwartung man bewusst geweckt hat.

Die Verantwortung gegenüber den neuen Freunden sollte jedoch noch einen wesentlichen Schritt weiter gehen. Wenn man etwa den Stolz und den Fleiß der Menschen trotz all ihres Elends kennen gelernt hat oder wenn man erfährt, dass der Sommerregen ausgeblieben ist und der Hunger droht: Warum nicht ein sinnvolles Entwicklungsprojekt in dieser Gegend unterstützen? Und wenn man sich über Frauenbeschneidungen entsetzt hatte: Warum nicht Kampagnen oder Projekte fördern, die dagegen auftreten und den Frauen eine Lebensalternative schaffen wollen?

Abschied

135

Droht dem bereisten Land der Bürgerkrieg oder der Angriff durch einen militärischen Aggressor? Werden die Menschenrechte der fernen Freunde mit Füßen getreten, so genügt das Bedauern alleine nicht. Die Unterzeichnung von Petitionen und die Unterstützung von Kampagnen von Amnesty International (www.amnesty.org)ist das Mindeste, was man tun kann.

Wer mit offenem Herzen und scharfen Augen reist, versteht mehr. Man beginnt die Dinge anders zu sehen. Auch daheim wird man sensibler auf Unwahrheiten reagieren, die über die „Urlaubsparadiese" und ihre Einwohner verbreitetet werden. Eine Korrektur dieser Klischees ist schon darum wichtig, weil sich ein Drittel der deutschen Bundesbürger für ihr Urlaubsziel auf Grund von Empfehlungen von Bekannten oder Verwandten entscheiden. Als erfahrener Reisender ist man selbst zur vertrauenswürdigen Informationsquelle geworden und kann anderen die verantwortungsvolle Wahl des Urlaubsziels ermöglichen, wie im Kapitel „Zweifelhafte Reiseziele" angeregt. Dadurch kann manche unnötige, enttäuschende, schmerzliche oder umweltbelastende Reise verhindert werden.

Ubi bene, ibi patria!

Wo man sich wie daheim gefühlt hat, dort empfindet man auch Verantwortung. So beobachtet der Globalisierungs-Soziologe Ulrich Beck eine Verschiebung der empfundenen Solidarität weg von der Nachbarschaft hin zu fernen (Urlaubs-)Orten.

Mindestens genau so wichtig ist es, das respektvolle Reisen auch daheim vor der eigenen Haustüre zu pflegen. Denn in Wahrheit gibt es im Zeitalter der Globalisierung längst keine klare Grenze mehr zwischen der Fremde und dem Vertrauten: Allein in Frankfurt haben fast 200.000 Ausländer aus mehr als 180 Nationen ihr neues Zuhause gefunden. Und so wie keine Reise ungetan werden kann, so lässt sich auch die Globalisierung nicht rückgängig machen. Dabei sollte nicht vergessen werden, dass man in der Hoffnung auf ein intaktes Urlaubsland losgereist ist. Der Traum von einem besseren Leben führt auch die Menschen der bereisten Länder in unsere Heimat.

Mit diesen neuen Herausforderungen muss man leben lernen. Das bedeutet nicht unbedingt die Befürwortung einer liberalen Asyl- und Fremdenpolitik, was für sich allein noch keine Lösung wäre. Wer aber selbst das Recht zu reisen für sich in Anspuch nimmt und im Urlaubsland als Fremder Respekt geniest, sollte nun auch im eigenen Land Fremden gegenüber Respekt erweisen und aktiv gegen Fremdenfeindlichkeit und Ausgrenzung auftreten. Leider fällt es manchen Menschen schwer, mit den gesellschaftlichen Veränderungen umzugehen, weshalb sie ihre ausländischen Nachbarn herabwürdigend behandeln. Hier gilt es jene Zivilcourage zu beweisen, die man zuweilen während der Reise zähmen musste, indem man zum Beispiel:

- gegen falsche und aufhetzende Informationen über Ausländer auftritt,
- in seiner Umgebung Verständnis und Gesprächsbereitschaft durch ein offenes Ohr für die Sorgen von In- und Ausländern fördert,
- Beschimpfungen von Menschen mit anderer Hautfarbe, Sprache, Religion oder Herkunft nicht einfach schweigend hinnimmt. Oft hilft Humor, Barrieren zu überwinden. Auch freundliche Blicke tun gut und kosten doch nichts.

Reisen wird im 3. Jahrtausend zur Alltagserfahrung: ein Leben voller neuer Ereignisse, aber auch voller Risiken. Das macht diese Welt so spannend und zugleich so gefährlich. Doch in jeder Gefahr keimt auch die Chance zu einer ehrlichen Begegnung. Diese Freude am Entdecken hoffe ich mit diesem Buch geweckt zu haben.

Abschied

057r Abb. hf

Anhang

Informationen aus dem Internet

Allgemeines

● **www.reiseplanung.de**
Die alphabetisch geordnete Top-Linkliste für alle Fragen ums Reisen: Infoquellen, Reiseanbieter, Verkehr, weltweites Wetter etc.

● **www.fit-for-travel.de**
Das Tropeninstitut München informiert über medizinische Reisevorbereitungen, Impfungen und Reisekrankheiten zu über 230 Reisezielen. Gut ausgewählte Linkliste.

● **www.travlang.com**
Einführung in über 70 Fremdsprachen mit den wichtigsten Begriffen und Sätzen.

Literaturtipp
„Internet für die Reise" von G. Schramm, ISBN 3-8317-1010-4, Reise Know-How Verlag

Länderinformationen

● **www.auswaertiges-amt.de**
Infos des Auswärtigen Amts der BRD über Reiserisiken, Visa und Adressen der deutschen Auslandsvertretungen (Rubrik: Länder/Reiseinfo).

● **www.fco.gov.uk/travel/**
Informationen der britischen Regierung über alle Länder der Welt (englisch).

Menschenrechte

● **www.hrw.org**
Human Right Watch liefert fundierte länder- und themenspezifische Berichte über die weltweite Menschenrechtssituation.

● **www.amnesty.de**
Amnesty International informiert ebenfalls fundiert über Situation, Initiativen und Kampagnen in Sachen Menschenrechte.

● **www.gfbv.de**

Site der Gesellschaft für bedrohte Völker mit Berichten über die Situation indigener Völker, über Kampagnen und Initiativen und besonders auch über Verbrechen durch Tourismus.

● **www.ecpat.de**

ECPAT ist der wichtigste Kämpfer gegen Sex mit Kindern. Informationen über Kampagnen, Kontaktadressen, Verhaltenstipps.

Alternativveranstalter

● **www.forum-anders-reisen.de**

Ein Netzwerk von über 80 alternativen Anbietern von verträglichen Reiseprodukten, abrufbar nach Regionen und Reiseaktivitäten.

● **www.Eco-Tour.org**

Die Datenbank der Naturfreunde mit gut gegliederten Angeboten von umwelt- und sozialverträglichen Urlaubsprodukten sowie Information über Umweltsiegel etc. Eine große, übersichtliche Link-Sammlung zu tourismusspezifischen Institutionen.

● **www.tourismconcern.org.uk**

Sozialverträgliche Tourismusangebote wie gemeindebasierender Tourismus aus über 50 Ländern, Information über faires Reisen, Menschenrechtsverletzungen etc. (englisch).

● **www.ecotourism.org**/**travelchoice/**

The Ecotourism Society ist eine US-Plattform der Ökotourismus-Bewegung mit weltweiten Angeboten von Alternativ-Veranstaltern, geordnet nach Ländern und Kategorien (englisch).

Tourismus, Umwelt und Entwicklung

● **www.tourism-watch.de**

Der deutsche Informationsdienst über Dritte Welt-Tourismus mit einem reichhaltigen Archiv.

Anhang

• **www.respect.at**
Das Österreichische Zentrum für Tourismus und Entwicklung informiert über Initiativen und Forschungsergebnisse zu sozialverträglichem Tourismus.

• **www.akte.ch**
Der Basler Arbeitskreis Tourismus und Entwicklung bietet eine Fülle an Berichten, Literatur zu touristischen Spezialthemen, Stellungnahmen zu internationalen Konferenzen und eine gut geordnete Link-Liste.

Literaturhinweise

Allgemein

• **Reiselust. Touristen, Tourismus und Urlaubskultur,** Christoph Henning, 228 Seiten, Suhrkamp Taschenbuch 1999, ISBN 3-518-39501-7. Amüsante historische, soziologische und kulturelle Betrachtungen des Phänomens „Tourist".

• **Ausgebucht. Zivilisationsflucht Tourismus,** Norbert Suchanek, 139 Seiten mit s/w-Abb., Schmetterling Verlag 2000, ISBN 3-89657-573-2. Mit spitzer Klinge beschreibt der Wissenschaftsjournalist die ökologischen Desaster durch die „In"-Reiseformen wie All inclusive und Golfen.

• **Tourismus in Entwicklungsländern. Möglichkeiten und Grenzen einer nachhaltigen Entwicklung durch Fremdenverkehr,** Karl Vorlaufer, 257 Seiten mit 26 Abb. u. 11 Karten, Wissenschaftliche Buchgesellschaft 1996, ISBN 3-534-11156-7. Das verständlich geschriebene Standardwerk über Dritte-Welt-Tourismus mit Schwergewicht auf Wirtschaft.

• **Tourismusethik. Theorie und Praxis des umwelt- und sozialverträglichen Fernreisens,** Harald A. Friedl, 250 Seiten, Profil Verlag 2002, ISBN

3-89019-530-X. Eine umfassende Analyse der Erscheinungsformen und Probleme des Ferntourismus sowie der Handlungsspielräume zur Minimierung der Folgeschäden.

● **Ferienglück aus Kinderhänden. Kinderarbeit im Tourismus,** Christine Plüss, 185 Seiten, Rotpunktverlag 1999, ISBN 3-85869-187-9.

Reiseziele

● Sympathiemagazine. Interessant geschriebene Einführungen zu 39 Ländern und sechs Spezialthemen, 52 Seiten, um 3,40 Euro. Hg. Studienkreis für Tourismus und Entwicklung, zu beziehen unter www.studienkreis.org, Fax 0049-8177-1349.

● Beck'sche Reihe Länder. Taschenbuch-Serie des Beck-Verlag mit komplexer Hintergrund-Information über Geschichte, Politik, Wirtschaft und Gesellschaft zahlreicher Länder.

● Reiseführer aus dem Reise Know-How Verlag sind sehr kompetent und umsichtig geschrieben, reich an Hintergrund- und Praxis-Infos und ständig aktualisiert. www.reise-know-how.de

● Das große Lexikon der Reiseländer 2002. Yellow Travel Guide. 528 Seiten mit vielen Farbfotos und Karten. Fink Verlag 2001, ISBN 3-7718-1086-8. Das „Welthandbuch der Touristik" mit wichtigen Adressen für die Reisevorbereitung, Länder-Kompaktdaten, Angaben über Klima, Einreisebestimmungen etc. über alle Länder der Welt.

Kultur-Kompass

● **Reihe KulturSchock** aus dem Reise Know-How Verlag über verschiedene Weltkulturen und Länder mit Infos über soziale und geschichtliche Hintergründe, Religion, Tabus, Reisealltag, und wichtigen Verhaltenstipps, ca. 250 Seiten.

Anhang

- **Reihe Kauderwelsch** des Reise Know-How Verlags. Praxisnaher Sprachführer zu über 90 Sprachen mit einfach vermittelter Grammatik, anwendungsbezogenen Beispielsätze, ca. 1000 Wörter Grundwortschatz und vielen Verhaltenstipps für die nonverbale Kommunikation, ca. 150 Seiten, mit optionaler Begleitkassette.
- **Daoismus erleben, Hinduismus erleben, Islam erleben.** Reihe Praxis des Reise Know-How Verlags, Religion hautnah mit Respekt erleben und die Hintergründe verstehen (s. Anzeige).

Reisepraxis

- **Fernreisen auf eigene Faust,** Hans Strobach, 160 Seiten mit Fotos, Reise Know-How Verlag 2001, ISBN 3-89416-770-X. Der Leitfaden für die Reisevorbereitung des Individualtouristen.
- **Fernreisen mit dem eigenen Fahrzeug,** Bernd Büttner, 160 Seiten mit Fotos, Reise Know-How Verlag 2001, ISBN 3-8317-1009-0. Der praktische Ratgeber für das sichere Fahrerlebnis im Ausland.
- **Kommunikation von unterwegs,** Volker Heinrich, 160 Seiten, Reise Know-How Verlag 2001, ISBN 3-8317-1008-2. Richtig kommunizieren per Handy, Computer, Internet und E-Mail weltweit.
- **Wo es keinen Arzt gibt.** Medizinisches Gesundheitshandbuch zur Hilfe und Selbsthilfe auf Reisen, David Werner, 359 Seiten mit zahlreichen Skizzen, Reise Know-How Verlag, 9., aktualisierte Aufl. 2001, ISBN 3-8317-1019-8. Medizinisches Grundwissen für Reisen in die Dritte Welt mit einem Anhang für Fernreisende.

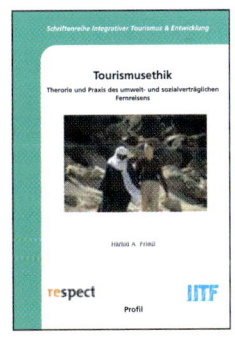
Anhang

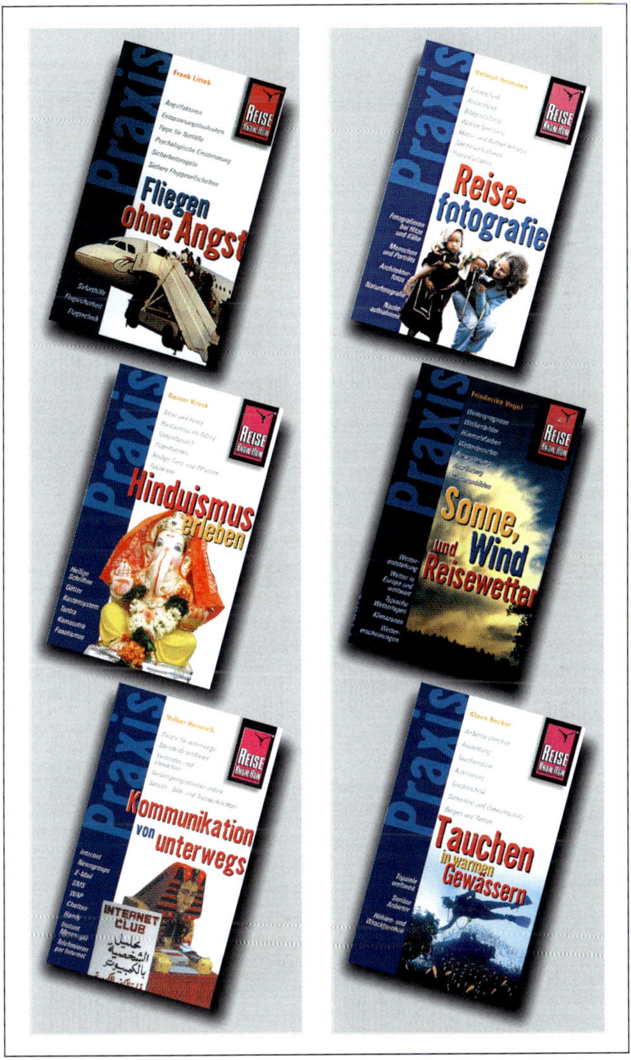
Praxis
Frank Littek
Angstfaktoren
Entspannungstechniken
Tipps für Notfälle
Psychologische Einstimmung
Sicherheitsregeln
Sichere Fluggesellschaften
Fliegen ohne Angst
Soforthilfe
Flugsicherheit
Flugtechnik
REISE KNOW-HOW
Praxis
Helmut Hermann
Reise-fotografie
Fotografieren bei Hitze und Kälte
Menschen und Porträts
Architekturfotos
Naturfotografie
Nachtaufnahmen
REISE KNOW-HOW
Praxis
Rainer Krack
Hinduismus erleben
Heilige Schriften
Götter
Kastensystem
Tantra
Kamasutra
Fanatismus
REISE KNOW-HOW
Praxis
Friederike Vogel
Sonne, Wind und Reisewetter
Wetterentstehung
Wetter in Europa und weltweit
Typische Wetterlagen
Klimazonen
Wettererscheinungen
REISE KNOW-HOW
Praxis
Volker Heinrich
Kommunikation von unterwegs
Internet
Newsgroups
E-Mail
SMS
WAP
Chatten
Handy
Telefonieren per Internet
INTERNET CLUB
REISE KNOW-HOW
Praxis
Klaus Becker
Tauchen in warmen Gewässern
Topziele weltweit
Seriöse Anbieter
Höhlen- und Wracktauchen
REISE KNOW-HOW

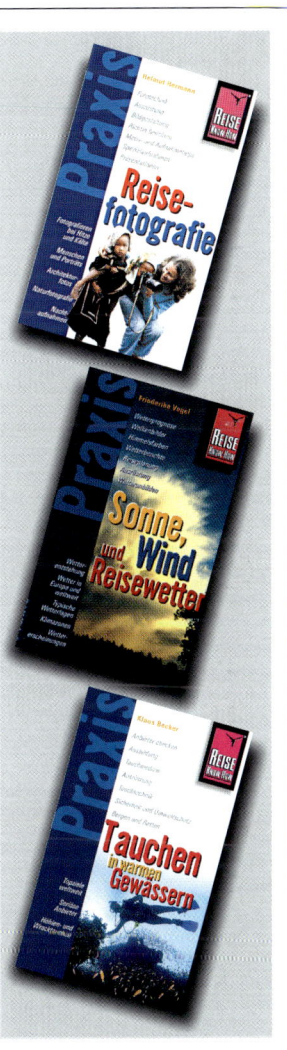

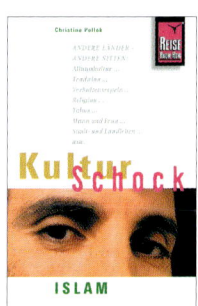
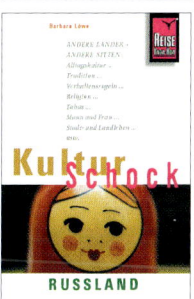

Anhang

Alle Reiseführer auf einen Blick

Reisehandbücher
Urlaubshandbücher
Reisesachbücher
Rad & Bike

Reise Know-How

Anhang

Alle Reiseführer auf einen Blick

Praxis

All Inclusive
Canyoning
Daoismus erleben
Dschungelwandern
Essbare
  Früchte Asiens
Fernreisen
  auf eigene Faust
Fernreisen mit dem
  eigenen Fahrzeug
Fliegen ohne Angst
GPS Outdoor-
  Navigation
Hinduismus erleben
Höhlen erkunden
Inline-Skaten
  Bodensee
Inline Skating
Islam erleben
Kanu-Handbuch
Kreuzfahrt-
  Handbuch
Küstensegeln

Orientierung
  mit Kompass
  und GPS
Reisefotografie
Reisefotografie digital
Reisen und Schreiben
Respektvoll reisen
Richtig Kartenlesen
Schutz vor Gewalt
  und Kriminalität
Schwanger reisen
Selbstdiagnose und Be-
  handlung unterwegs
Sicherheit im und
  auf dem Meer
Sonne, Wind
  und Wetter
Survival-Handbuch,
  Naturkatastrophen
Tauchen in kalten
  Gewässern
Tauchen in warmen
  Gewässern
Transsib – von Moskau
  nach Peking
Trekking-Handbuch
Vulkane besteigen
Wein Guide
  Deutschland
Wildnis-Ausrüstung
Wildnis-Backpacking
Wildnis-Küche
Winterwandern
Wracktauchen

Edition RKH

Burma – Reisen
  im Land der Pagoden
Finca auf Mallorca
Geschichten aus dem
  anderen Mallorca
Goldene Insel
Mallorquinische Reise
Please wait to be seated!
Salzkarawane, Die
Schönen Urlaub!
Südwärts durch
  Lateinamerika

KulturSchock

Ägypten
Brasilien
China
Golf-Emirate, Oman
Indien
Iran
Islam
Japan
Marokko
Mexiko
Pakistan
Russland
Spanien
Thailand
Türkei
Vietnam

Neu!
Landkarten von

In Zusammenarbeit mit der *Map Alliance* hat *Reise Know-How* jetzt das **World Mapping Project™** gestartet. Im Juni 2001 erschienen die ersten von über 200 neuen Landkarten, die die ganze Welt für Reisende abdecken. Alle Karten sind GPS-tauglich, mit Höhenlinien und -schichten und mit ausführlichem Ortsregister.

<u>lieferbar:</u> ❑ Ägypten (1:1.25 Mio) ❑ Andalusien (1:650.000) ❑ Afghanistan (1:1 Mio) ❑ Australien (1:4.5 Mio) ❑ Cabo Verde / Kapverd. Inseln (1:150.000) ❑ Costa Brava (1:150.000) ❑ Costa del Sol (1:150.000) ❑ Cuba (1:850.000) ❑ Dominik. Republik (1:450.000) ❑ Gran Canaria (1:100.000) ❑ Guatemala, Belize (1:500.000) ❑ Indien, Nepal (1:2.9 Mio) ❑ Kroatien (1:325.000) ❑ Madeira (1:45.000) ❑ Mallorca (1:150.000) ❑ Malta, Gozo (1:50.000) ❑ Marokko (1:1 Mio) ❑ Mexiko (1:2.25 Mio) ❑ Namibia (1:1.25 Mio) ❑ Neuseeland (1:1 Mio) ❑ Polen (1:850.000) ❑ Sri Lanka (1:500.000) ❑ Südafrika (1:1.7 Mio) ❑ Teneriffa (1:120.000) ❑ Thailand (1:1.2 Mio) ❑ Tunesien (1:850.000) ❑ Deutsche Ostseeküste (1:250.000) ❑ Deutsche Nordseeküste (1:250.000) ❑ von Berlin zur Ostseeküste (1:250.000) ❑ Alpenvorland (1:250.000)

<u>ab Mai 2002:</u> ❑ Argentinien (1:2 Mio) ❑ Bali, Lombok, Komodo (1:150.000) ❑ Baja California (1:650.000) ❑ Bretagne (1:200.000) ❑ Dalmatien (1:175.000) ❑ Dänemark (1:300.000) ❑ Fischland, Darß, Zingst (1:30.000) ❑ Friaul, Venezien (1:150.000) ❑ Fuerteventura (1:60.000) ❑ Gardasee (1:70.000) ❑ Griechenland (1:650.000) ❑ Hawaii (1:200.000) ❑ Ibiza, Formentera (1:65.000) ❑ Irland (1:350.000) ❑ Island (1:425.000) ❑ Istrien (1:75.000) ❑ Kölns Umgebung (1:250.000) ❑ Korfu (1:65.000) ❑ Kreta (1:140.000) ❑ Ligurien, Piemonte (1:250.000) ❑ Libyen (1:2 Mio) ❑ Lanzarote (1:70.000) ❑ Malaysia (Ost: 1:1.1 Mio, West: 1:800.000) ❑ Nord- und ❑ Südskandinavien (je 1:875.000) ❑ Normandie (1:200.000) ❑ Polens Norden (1:350.000) ❑ Pyrenäen (1:250.000) ❑ Rhodos (1:80.000) ❑ Ruhrgebiet (1:250.000) ❑ Rügen (1:50.000) ❑ Südfrankreich (1:425.000) ❑ Trinidad, Tobago (1:150.000) ❑ Umbrien (1:200.000) ❑ Venezuela (1:1.4 Mio) ❑ Yucatan (1:650.000)

Alle Karten haben gefaltet das Maß 10 x 25cm (aufgefaltet 60 x 92 cm), ein- oder beidseitig bedruckt und passen so in jede Westentasche, kein störender Pappumschlag. Der Preis: je € 7.90 [D].

<u>Jetzt bestellen:</u> beim Buchhändler oder unter
www.reise-know-how.de oder per Fax 0521-441047
(diese Seite kopieren und die gewünschte Karte ankreuzen).
Zustellung innerhalb der BRD kostenlos!
❑ Bitte halten Sie mich über den Fortgang des **World Mapping Project™**
(30 weitere Karten in 2002) auf dem Laufenden.

Anhang

Anhang

Register

Anhang

Anhang

Der Autor

Harald A. Friedl, 1968 in Brixlegg in Tirol geboren, ist seit 1990 für diverse Printmedien als Journalist mit den Schwerpunkten Medien, Tourismus, Entwicklung und Globalisierung tätig. Seit 1996 ist er Redaktionsmitglied des Web-Magazins www.zum-thema.com. Daneben war er PR-Verantwortlicher für humanitäre Projekte wie für „Land der Menschen" gegen Fremdenangst. Als Wissenschaftspublizist veröffentlichte er jüngst seinen Titel „Reiseethik" im Münchner Profilverlag.

Neben seinen Hochschulstudien (Jura, Philosophie und Politikwissenschaften) in Graz und Caen (Frankreich) durchquerte der in Klagenfurt und Graz lebende Autor mehrmals die Sahara per Autostopp. Seine Leidenschaft für fremde Länder machte er zum Nebenberuf und ließ sich 1992 in den USA zum Reiseleiter ausbilden. Seit 1993 ist er für einen österreichischen Reiseveranstalter als Studienreiseleiter weltweit tätig.

Diese Erfahrungen warfen für ihn oft Fragen über Tourismusprobleme in Entwicklungsländern auf. Auf der Suche nach Antworten begann er 1999 unter anderem seine Feldforschung über die Tourismusfolgen bei den Tuareg im Niger, wo er auch seine Grazer Braut traditionell heiratete. Daraus entstand ein von Kneissl Touristik unterstütztes, ökotouristisches Entwicklungsprojekt bei den Tuareg – und dieses Buch.